Relations sous EMPRISE

ANNABELLE BOYER

Relations sous EMPRISE

Comment s'en libérer sur le plan personnel et professionnel

BÉLIVEAU
éditeur

Réalisation de la couverture : Christian Campana
www.christiancampana.com
Illustration de la couverture : Thinkstock

Dépôt légal : 1er trimestre 2015
Bibliothèque et Archives nationales du Québec
Bibliothèque et Archives Canada

ISBN : 978-2-89092-702-5
ISBN Epub : 978-2-89092-716-2

BÉLIVEAU éditeur
920, rue Jean-Neveu
Longueuil (Québec) Canada J4G 2M1
450 679-1933 Téléc. : 450 679-6648

www.beliveauediteur.com
admin@beliveauediteur.com

Gouvernement du Québec – Programme de crédit d'impôt pour l'édition de livres – Gestion SODEC – www.sodec.gouv.qc.ca.

Nous reconnaissons l'aide financière du gouvernement du Canada par l'entremise du Fonds du livre du Canada pour nos activités d'édition.

IMPRIMÉ AU CANADA

TABLE DES MATIÈRES

Indices révélateurs

Gestion de crise : se défendre

Porte de sortie : se protéger

Apprentissages : voir venir

Conseils d'entraide

Note au lecteur

Chaque chapitre de ce livre porte son titre en japonais et sa traduction en français, car les arts martiaux regorgent d'enseignements relatifs au développement de soi et à l'affrontement d'un adversaire, quel qu'il soit.

*****

L'emploi du masculin est utilisé afin d'uniformiser le texte et limiter les risques d'identification des personnes qui ont inspiré cet ouvrage.

Les cas décrits sont inspirés de faits réels. Les noms, situations et contextes présentés dans ce livre ont cependant été modifiés. Toute ressemblance avec des personnes ou des situations existantes ou ayant existé ne saurait être que fortuite.

Je vous souhaite une lecture stimulante et enrichissante!

序論

INTRODUCTION

C'est dans l'ombre de soi-même que l'on fait
les rencontres les plus lumineuses.
– Jacques Salomé

La vie est pleine de surprises. Si on m'avait dit qu'un jour j'écrirais un livre sur les relations sous emprise, je ne l'aurais pas cru. J'ai toujours détesté les conflits, la manipulation, l'hypocrisie, la méchanceté et le mépris. J'ai mis des années à apprendre à dire non, à m'affirmer, à m'exprimer, à verbaliser mes émotions au lieu de les intellectualiser et de les rationaliser. Mais lorsqu'on évite une situation, la vie nous fait prendre un chemin qui nous mène justement vers ce défi qu'on redoute tant. Et si on ne fait pas les apprentissages liés à cette épreuve, la vie est conciliante : elle nous offre d'autres opportunités encore plus évidentes et souvent plus douloureuses afin de nous permettre de cheminer davantage et de bien comprendre cette fois. Nous avons toujours le choix de nos réactions. La vie ne fait que proposer. Et elle nous teste de temps à autre pour voir si vraiment on tient nos nouvelles résolutions.

Le destin m'a donc présenté des événements, des circonstances, des gens et il m'a fallu apprendre à composer avec des émotions, des perceptions, des impressions. La peur, la colère, le doute, la peine, l'incompréhension, tout y est passé face à des comportements dont je ne parvenais pas à saisir l'essence. Il n'y avait rien à comprendre, ça aussi j'ai mis bien du temps à le concevoir.

Fort heureusement pour moi (la vie est bien faite tout de même), je suis une karatéka depuis bientôt trois décennies. Il y a longtemps que je sais qu'il faut pratiquer beaucoup pour développer les réflexes, affiner la technique, acquérir la vitesse de réaction. Devant mon propre désarroi, je suis allée chercher un sensei[1] : quelqu'un qui saurait comment m'aider à passer à travers. Une amie psychologue a rapidement réagi devant ma détresse et m'a guidée. Je suis allée chercher l'aide professionnelle dont j'avais besoin. J'ai suivi des cours, j'ai lu, j'ai fait les exercices suggérés, je me suis développée. Et je me suis testée.

À force de travailler mes zones d'ombre, j'ai apprivoisé celles des autres. La synergologie a été extrêmement bénéfique en me révélant bien des aspects de ma personnalité et de mes mécanismes de défense. J'ai appris à dire ce que je pense avec enrobage pour être en harmonie avec moi-même. J'ai appris à accueillir les autres tels qu'ils sont, à accepter que leurs émotions leur appartiennent et que les miennes me reviennent. J'ai appris à mettre de côté les jugements pour écouter le besoin derrière l'agressivité, les larmes ou la désorganisation émotive. J'ai compris que je ne peux pas sauver les autres, je peux seulement partager mes découvertes, mes apprentissages, mes réflexions avec compassion et respect.

Juste avant de décéder subitement, mon père récitait pour un ami le poème de Rudyard Kipling, *Tu seras un homme, mon fils*. J'ai toujours adoré ce texte et, dans les moments de doute et d'épuisement, je le récitais pour me donner du courage. Je vous invite à le lire, surtout si vous êtes coincé dans une relation sous emprise ou qu'un de vos proches l'est.

---

1. Sensei : instructeur, professeur de karaté.

Tu seras un homme, mon fils !

Si tu peux voir détruit l'ouvrage de ta vie
Et sans dire un seul mot te mettre à rebâtir,
Ou perdre d'un seul coup le gain de cent parties
Sans un geste et sans un soupir;

Si tu peux être amant sans être fou d'amour,
Si tu peux être fort sans cesser d'être tendre
Et, te sentant haï sans haïr à ton tour,
Pourtant lutter et te défendre;

Si tu peux supporter d'entendre tes paroles
Travesties par des gueux pour exciter des sots,
Et d'entendre mentir sur toi leur bouche folle,
Sans mentir toi-même d'un seul mot;

Si tu peux rester digne en étant populaire,
Si tu peux rester peuple en conseillant les rois
Et si tu peux aimer tous tes amis en frère
Sans qu'aucun d'eux ne soit tout pour toi;

Si tu sais méditer, observer et connaître
Sans jamais devenir sceptique ou destructeur;
Rêver, mais sans laisser ton rêve être ton maître,
Penser sans n'être qu'un penseur;

Si tu peux être dur sans jamais être en rage,
Si tu peux être brave et jamais imprudent,
Si tu sais être bon, si tu sais être sage
Sans être moral ni pédant;

Si tu peux rencontrer Triomphe après Défaite
Et recevoir ces deux menteurs d'un même front,
Si tu peux conserver ton courage et ta tête
Quand tous les autres les perdront;

Alors, les Rois, les Dieux, la Chance et la Victoire
Seront à tout jamais tes esclaves soumis
Et, ce qui vaut mieux que les Rois et la Gloire,
Tu seras un Homme, mon fils !

Voilà, nous y sommes. Bienvenue dans mon univers! Je vous souhaite une lecture enrichissante, aidante, apaisante. J'espère que mes réflexions, mes conseils et mes suggestions vous apporteront des outils utiles, des explications éclairantes et, surtout, un peu plus de sérénité afin que vous trouviez la voie qui vous convient à vous.

Bon cheminement!

制御の下での関係

Relation sous emprise

Rester maître de son esprit, c'est également rester maître de son corps.
– Gichin Funakoshi

C'était il y a des années de cela, mais je m'en souviens comme si c'était hier. On aurait pu entendre une mouche voler. L'ambiance était à couper au couteau dans ce petit bureau mal ventilé. Assise sur cette inconfortable chaise, j'écoutais en silence ce discours surréaliste. L'homme était là, devant moi, les jambes croisées, le menton relevé et l'index dans les airs, à me raconter son histoire de cercles. À ses yeux, il était au-dessus des gens, au-dessus de la loi. Il était intouchable. Bien des gens le craignaient et avaient eu à pâtir pour avoir osé lui dire non, lui mettre des bâtons dans les roues, tenté de le dénoncer ou simplement pour ne pas avoir accepté d'entrer dans son manège.

Il considérait que les gens qui étaient dans son «cercle» lui devaient une loyauté sans bornes, qu'ils étaient à son service et chanceux de l'être! Les autres, ceux en périphérie de son cercle immédiat, devaient être prudents et ne pas lui faire ombrage sans quoi sa vengeance serait brutale. Je ne faisais pas partie du cercle immédiat. Il avait le bras long. Il m'expliquait tout cela avec le plus grand des sérieux, devant un autre témoin sidéré et silencieux. De la prétention à l'état pur.

Sur le coup, je n'ai pas bronché, pas tremblé, pas reculé. Je suis demeurée d'un calme olympien, immobile, à fixer son regard. J'étais aux aguets, en alerte devant un prédateur singulier. Mon esprit fonctionnait à la vitesse grand V pour enregistrer le moindre détail, déceler chaque insinuation, analyser tous les mouvements, trouver la faille. À l'époque, je n'étais pas encore synergologue. Mais j'étais une karatéka. Je comprenais très bien les menaces qui étaient prononcées crûment, sans voile, sans enrobage, sans camouflage.

Je me suis rappelé les paroles de mon père: «Ne montre jamais ta peur devant un adversaire. Il l'utilisera. Reste concentrée.» Je me suis souvenue des enseignements de mon instructeur de karaté, Katsumata sensei: «Zanshin! La focalisation de l'esprit. Ressens l'énergie de l'adversaire et surtout détends-toi, tu réagiras beaucoup plus vite.» Alors c'est ce que j'ai fait. J'ai respiré longuement, calmement, tout en gardant mon esprit ouvert, car je savais fort bien le genre de personne que j'avais devant moi.

Il y a des signes qui ne trompent pas. Mes soupçons avaient été validés et confirmés peu de temps auparavant. J'avais affaire à un cocaïnomane dont les moyens financiers dépassaient largement les miens et dont l'influence semblait n'avoir aucune limite. J'ai compris très vite l'efficacité de son emprise sur son entourage. Ses employés en avaient peur au point de trembler à la simple idée d'être convoqués dans son bureau. Il intimidait mon employeur de l'époque. Tous les patrons ne sont pas à la hauteur de leurs fonctions, ça aussi, je l'ai appris. J'avais saisi qu'il était inutile de remettre les coups ni même d'espérer une quelconque justice. La vie s'en chargerait le temps venu, d'une façon ou d'une autre, ai-je souhaité. Quel épouvantable stress! Mes parents et amis ont bien tenté de me réconforter, mais que peut-on dire dans ces moments-là?

Cette rencontre et tout le contexte qui a entouré cette période de ma vie me resteront à jamais en mémoire. J'ai mis du temps à retrouver un équilibre, du temps à arrêter d'avoir peur. La vie n'est pas comme un scénario de film. Le «méchant» ne perd pas toujours à la fin. Ça peut prendre des années avant qu'il ne paie pour ses «crimes» et sa sentence ne sera pas forcément celle attendue ou souhaitée.

Qui plus est, devant un emprisonneur, les alliés se sauvent plus souvent qu'autrement ou ils deviennent invisibles. Vous vous retrouvez seul. Non pas parce que les autres ne vous appuient pas, mais bien parce qu'ils doivent, eux aussi, se protéger pour ne pas subir le même sort. La peur est contagieuse. Alors quand une situation d'emprise survient, il ne faut pas espérer être «sauvé» des griffes de l'emprisonneur, mais il importe de mettre en place très rapidement des stratégies de défense, de protection, puis de ressourcement par soi-même et pour soi-même.

PRINCIPE 1

Entretenir de la colère envers l'autre, c'est avaler soi-même le poison en croyant pouvoir ainsi tuer l'adversaire. C'est inutile et destructeur. Vous avez mieux à faire. Votre énergie est précieuse. Préservez-la.

Au fil des années, dans ma pratique professionnelle comme dans ma vie privée, il m'a été donné de rencontrer des individus retors, des êtres qui, consciemment ou inconsciemment, profitent des autres, absorbent leur énergie, leur argent, leur vie.

Dans le cadre de mon travail de conseillère en ressources humaines, j'entends toutes sortes d'histoires, plus incroyables les unes que les autres. J'interviens en gestion de conflits et de personnes difficiles, en consolidation d'équipe, en coaching de gestionnaires et d'employés. Je suis synergologue: j'analyse le non-verbal des gens pour mieux les comprendre. Je suis conférencière et auteure. Il semble que cela attire certains profiteurs. Je rencontre beaucoup de monde et un grand nombre d'entre eux se confient à moi ou me demandent conseil. J'écoute les gens, j'accorde de l'importance à leur bien-être, à qui ils sont. Inévitablement, ils le sentent. Pour certains, avoir l'information, c'est avoir le pouvoir. Pour moi, il en est autrement, car une fois que tu sais, tu ne peux pas fermer les yeux. À de grands pouvoirs correspondent de grandes responsabilités[2].

Qu'elle soit professionnelle, amoureuse, fraternelle, parentale, amicale ou en position d'autorité, la relation sous emprise est aliénante et destructrice. Ces gens ensorcelants, puissants et dangereux peuvent se trouver partout. Il peut s'agir d'un patron schizophrène, un directeur narcissique qui transforme son équipe en harem, un caïd qui règne par la peur qu'il inspire, un supérieur immédiat jaloux et carriériste, un développeur en recherche de financement, un conjoint contrôlant, une nouvelle conquête psychotique, un conseiller indispensable, sans oublier l'artiste incompris qui vous fait sentir coupable.

Parfois, je me demande pourquoi certains se sont enfoncés à ce point dans un guêpier pourtant évident, puis je me rappelle que la relation sous emprise s'installe doucement, sournoisement, vicieusement et qu'on n'a pas toujours les outils et l'énergie pour s'en protéger. Et je me rappelle tous les efforts que j'ai dû consentir moi-même pour m'éloigner de situations qui ne me convenaient pas du tout.

Car la relation sous emprise a ceci de particulier: l'emprisonné ne veut pas, de prime abord, en sortir! Il s'est accroché à l'emprisonneur comme à une bouée de sauvetage tant ce dernier a réussi à jouer dans sa tête. Il est convaincu que l'emprisonneur va réellement lui apporter l'amour, la richesse, le succès, la paix, la santé. Et il est relativement aisé pour l'emprisonneur d'y parvenir. Il suffit de choisir le bon moment et le bon angle.

Personnellement, quand je suis fatiguée, il m'est beaucoup plus difficile de mettre des limites et c'est souvent à ce moment-là que

2. Citation du film *Spiderman* de Marvel, 2002.

quelqu'un va m'apostropher pour me raconter sa vie et ses derniers déboires. C'est le drainage assuré! Et quand on est déjà à plat, ça demande beaucoup d'efforts pour mettre fin au babillage d'une personne qui s'agrippe à nous comme à une bouée de sauvetage. Or, si les draineurs d'énergie sont, somme toute, plutôt inoffensifs, les emprisonneurs, eux, ne le sont pas. Aussi, j'ai dû apprendre à repérer ces baisses énergétiques pour éviter de m'exposer. Je me suis entourée de gens de confiance. J'ai dû aussi m'accorder des périodes de ressourcement puisque personne n'allait prendre soin de moi à ma place! Au besoin, je m'isole en forêt près d'un lac. Les arbres, les écureuils et l'eau ne manipulent pas, ne négocient pas, ne confrontent pas. Ils sont, tout simplement.

Les êtres humains, eux, manipulent, contrôlent et dominent tous à un moment ou à un autre. Ça fait partie de l'apprentissage de la vie. C'est dans la normalité des choses. Tout le monde va un jour faire un peu de chantage affectif pour avoir ce qu'il veut, tenter de tirer la couverture de son côté, essayer d'influencer l'autre. Vous ne me croyez pas? Cela prend parfois des formes subtiles. Pensez juste aux réactions des gens quand un parent décède. Certains membres de la famille vont se battre bec et ongles pour une courtepointe, un meuble en particulier ou un bijou précis alors qu'en fait, ils n'y ont jamais accordé d'importance quand la personne était encore en vie. Regardez les réactions des employés lorsque vient le temps d'attribuer les nouveaux bureaux à la suite d'un déménagement. Tous les coups sont permis et les raisons évoquées ne sont pas toujours rationnelles. Et rappelez-vous ce collègue qui a argumenté très fortement pour obtenir une augmentation salariale non pas parce que les objectifs qui lui avaient été fixés étaient dépassés, mais bien parce que l'acquisition d'une nouvelle maison était prévue. C'est sans parler des conflits où chacun essaie d'attirer ses collègues dans son clan.

Et pensez à vos propres stratégies pour orienter le choix d'un restaurant, la destination d'un voyage ou les activités familiales, non pas tant pour le bien de la famille ou du couple, mais parce que ça va avec votre niveau d'énergie et vos goûts personnels. Est-ce que cela fait de vous un manipulateur? Pas forcément... mais peut-être aussi. Tout dépend. Voilà, tout n'est jamais totalement blanc ou noir. La question est: quel est l'impact? En effet, tout comme c'est le cas dans une situation de harcèlement psychologique, ce n'est pas l'intention qui compte, mais bien les conséquences du comportement. L'emprisonneur a pour objectif de contrôler l'autre pour arriver à ses fins. Il n'a pas forcément une volonté de faire du mal, mais il a l'intention de dominer.

Bien des facteurs influencent l'intégrité et l'authenticité de quelqu'un. Mentir, manipuler, contrôler, dominer l'autre, chacun de nous l'expérimente à plusieurs reprises. Comme je l'ai écrit plus haut, ça fait partie de l'apprentissage et de l'expérience de la vie humaine. Il ne sert à rien de se flageller quand cela survient. Il est plus utile d'examiner les pensées et les émotions chez vous qui ont entraîné ces comportements et de travailler votre dynamique personnelle avec un professionnel tel qu'un psychologue afin d'acquérir avec le temps plus de sagesse et de maturité. Et si vous prenez ce paragraphe comme un reproche, alors il est d'autant plus important de consulter. Car l'admission de ses propres mécanismes de défense et la reconnaissance de ses comportements inappropriés, ce n'est pas une faiblesse, c'est un signe de maturité émotionnelle. Et si mes propos vous bousculent, retenez ceci: on réagit toujours plus fort quand on est dans le tort. Quand on sait qu'on n'a pas été tout à fait à la hauteur, qu'on n'a pas donné le meilleur de soi, qu'on n'a pas eu un comportement ou une attitude vraiment corrects, alors les reproches, les questions et les commentaires nous touchent toujours plus directement.

Mais là où ça devient problématique, c'est quand le contrôle, la manipulation, le mensonge et la domination deviennent les principaux mécanismes de défense et les modes de fonctionnement réguliers. Comme le mentionne Christophe André[3] dans son livre *Petits pénibles et gros casse-pieds*:

3. C. André, Muzo, *Petits pénibles et gros casse-pieds*, Éditions du Seuil, 2007, p. 150.

«Dire du mal ou agir égoïstement, cela peut arriver à chacun. Si en revanche on continue ou on récidive alors qu'on a été informé clairement des dommages infligés, si on n'est pas freiné puis arrêté par la conscience de nuire et de faire souffrir, alors on se trouve dans la zone perverse.»

PRINCIPE 2

Un proverbe africain dit que la langue qui fourche fait plus de mal que le pied qui trébuche. Assurez-vous d'avoir des paroles impeccables et de ne dire des gens que les propos que vous oseriez tenir réellement en leur présence. Le fiel contamine les cœurs et détruit la confiance. Et, surtout, il revient toujours vers sa source.

Personne n'est à l'abri d'une relation sous emprise. Quand vous prenez conscience de ce qui se trame, l'emprisonneur a déjà une bonne longueur d'avance. Son jeu est rodé. Il a de la pratique, ce n'est pas sa première fois. Il sait comment faire pour vous amener là où il le souhaite. Et, contrairement à vous, il n'a pas l'effet de surprise et de doute, puisque c'est lui qui mène le jeu. J'écris au masculin, mais ce n'est que pour alléger le texte, car des femmes dominatrices et des hommes sous emprise, il y en a tout autant.

C'est difficile de sortir de ce type de situation. C'est torturant de voir un ami ou un membre de la famille coincé dans une histoire aberrante. Aussi, nous regarderons ensemble les deux angles: vous êtes victime d'une relation sous emprise ou vous souhaitez aider quelqu'un près de vous qui l'est. Mais attention, rappelez-vous que la personne la plus importante pour vous, c'est vous-même. La seule personne que vous pouvez réellement sauver, c'est vous. Vous avez affaire à quelqu'un de brillant, potentiellement malade, habitué à jouer avec l'émotivité des gens et vous êtes loin de savoir ce qui se trame dans sa tête. Et, croyez-moi, il y aura des choses que vous auriez préféré ne pas savoir...

Une relation sous emprise implique donc deux individus: celui qui instaure une dynamique dominant-dominé et celui qui la subit. Appelé vampire, manipulateur, persécuteur, pervers narcissique, dominateur ou agresseur, l'un des deux protagonistes a donc un comportement insistant, étouffant, aliénant, contrôlant. Il envahit vos pensées.

L'autre est souvent décrit comme la victime, la proie, la cible, le dominé, l'opprimé, le persécuté, le dépendant. Pour les besoins de ce livre, nous parlerons de l'emprisonneur et de l'emprisonné. En effet, l'emprisonneur ne veut pas seulement tirer avantage de ses manigances, il veut prendre le contrôle de votre vie, de votre argent, de votre esprit. Ce n'est pas la situation qu'il souhaite dominer, mais bien vous. Ce n'est pas seulement un dominant, mais bien un dominateur. Il y a une importante différence entre les deux. Ainsi, selon le *Larousse*[4]:

- ✓ Dominant: qui domine, qui l'emporte sur d'autres.
- ✓ Dominateur: qui domine, qui aime dominer.

L'emprisonneur trouve donc un certain plaisir à exercer sa domination. La psychothérapeute experte auprès des tribunaux belges et analyste transactionnelle, Véronique Sichem[5], décrit la relation sous emprise ainsi:

> «Non limitée exclusivement à la manipulation délibérée utilisée pour maintenir à tout prix un pouvoir ou se débarrasser d'un rival, l'emprise recouvre tout empiètement, délibéré ou échappant au champ de la conscience, sur le territoire psychique d'autrui qui mène tantôt à l'évitement tantôt à l'affrontement. Utilisés répétitivement, délibérément ou non, les phrases-chocs, les regards insistants, les réponses évasives, les sous-entendus, le ton docte... constituent une violence souterraine, réel terrorisme psychologique, harcèlement moral ou meurtre psychique. Il s'agit

4. *Le petit Larousse illustré*, Éditions Larousse, 2001, p. 344.
5. www.sichem.be/Article_Mecanismes_entreprise.html.

> d'une agression unilatérale et subtile où l'agressé est, sans preuve tangible, privé d'éléments pour comprendre et ajuster son attitude en toute connaissance de cause. Il subit ce qui se produit, comme ligoté dans un malaise sans réaction possible. Bien qu'il ait existé de tout temps, le mécanisme d'emprise est le plus souvent nié, caché ou banalisé dans les familles, les couples et les groupes menant aux pollutions du secret, de la rumeur ou de l'intrigue.»

L'emprisonneur est manipulateur, mais il est aussi plus que cela. Selon Isabelle Nazare-Aga, le manipulateur correspond à quelqu'un qui présenterait dix des trente critères qu'elle décrit dans son livre «Les manipulateurs sont parmi nous[6]». Évidemment, quand on en fait la lecture, on y reconnaît bien des gens autour de nous, y compris nos propres mécanismes de manipulation, ce qui est tout à fait normal et sain. En effet, le fait de voir nos méthodes inappropriées d'influence nous offre l'opportunité de les modifier pour d'autres plus matures. Ainsi, pour madame Nazare-Aga[7], un manipulateur adopte certains de ces comportements:

- ✓ Il culpabilise les autres au nom du lien familial, de l'amitié, de l'amour, de la conscience professionnelle.
- ✓ Il reporte sa responsabilité sur les autres, ou se démet des siennes.
- ✓ Il ne communique pas clairement ses demandes, ses besoins, ses sentiments et ses opinions.
- ✓ Il répond très souvent de façon évasive.
- ✓ Il change ses opinions, ses comportements, ses sentiments selon les personnes ou les situations.
- ✓ Il invoque des raisons logiques pour déguiser ses demandes.

---

6. I. Nazare-Aga, *Les manipulateurs sont parmi nous*. Éditions de l'Homme, 1997, 288 pages.
7. *Ibid.*, p. 38-39.

- ✓ Il fait croire aux autres qu'ils doivent être parfaits, qu'ils ne doivent jamais changer d'avis, qu'ils doivent tout savoir et répondre immédiatement aux demandes et questions.
- ✓ Il met en doute les qualités, la compétence, la personnalité des autres : il critique sans en avoir l'air, dévalorise et juge.
- ✓ Il fait faire ses messages par autrui.
- ✓ Il sème la zizanie et crée la suspicion, divise pour mieux régner.
- ✓ Il sait se placer en victime pour qu'on le plaigne.
- ✓ Il ignore les demandes, même s'il dit s'en occuper.
- ✓ Il utilise les principes moraux des autres pour assouvir ses besoins.
- ✓ Il menace de façon déguisée, ou pratique un chantage ouvert.
- ✓ Il change carrément de sujet au cours d'une conversation.
- ✓ Il évite ou s'échappe de l'entretien, de la réunion.
- ✓ Il mise sur l'ignorance des autres et fait croire à sa supériorité.
- ✓ Il ment.
- ✓ Il prêche le faux pour savoir le vrai.
- ✓ Il est égocentrique.
- ✓ Il peut être jaloux.
- ✓ Il ne supporte pas la critique et nie les évidences.
- ✓ Il ne tient pas compte des droits, des besoins et des désirs des autres.
- ✓ Il utilise souvent le dernier moment pour ordonner ou faire agir autrui.
- ✓ Son discours paraît logique ou cohérent, alors que ses attitudes répondent au schéma opposé.

- ✓ Il flatte pour vous plaire, fait des cadeaux, se met soudain aux petits soins pour vous.
- ✓ Il produit un sentiment de malaise ou de non-liberté.
- ✓ Il est parfaitement efficace pour atteindre ses propres buts, mais aux dépens d'autrui.
- ✓ Il nous fait faire des choses que nous n'aurions probablement pas faites de notre propre gré.
- ✓ Il fait constamment l'objet des conversations, même lorsqu'il n'est pas là.

Dans la relation sous emprise, on retrouve évidemment ce genre de comportements. Ils sont essentiellement concentrés vers un individu ou un groupe. Mais, en plus de la manipulation, l'emprisonneur utilise le mensonge, la suggestion, la peur, la solitude, la programmation neuro linguistique à mauvais escient et même certaines techniques d'hypnose, mais pas toujours consciemment. Il joue avec votre estime de soi afin que vous doutiez de vous et que vous vous reposiez sur lui. Il se sert de toutes les failles qu'il trouve chez sa proie pour créer chez elle une sorte de dépendance, une incapacité à s'éloigner de lui et à lui dire non. Il joue avec l'emprisonné comme avec une marionnette. Et quand l'emprisonné réussit enfin à sortir de ses griffes, il ressent tous les effets néfastes d'un sevrage très agressif: fatigue extrême et insomnie, instabilité de l'humeur, pertes d'appétit, sensation de malaise, paranoïa, maux de tête, nausées, culpabilité, remords, doutes, mélancolie, angoisse, dépression, *etc.*

Alors que je rédigeais ce livre, mon conjoint m'a rappelé cette chanson de Metallica, *Master of Puppets*[8]:

8. Traduction libre d'un extrait de Metallica, *Master of Puppets,* album *Master of Puppets*, 1986.

VERSION ORIGINALE	TRADUCTION LIBRE
Master of Puppets	Maître des marionnettes
I'm pulling your strings	Je tire tes ficelles
Twisting your mind and smashing your dreams	Tourmentant ton esprit et brisant tes rêves
Blinded by me, you can't see a thing	Aveuglé par moi, tu ne vois rien
Just call my name, 'cause I'll hear you scream	Il te suffit d'appeler mon nom parce que j'entendrai tes cris

Quand l'emprisonné réussit à se défaire complètement de ses griffes, l'emprisonneur jette son dévolu sur quelqu'un d'autre, tout simplement, mais pas sans tenter de rependre le contrôle sur sa proie initiale. C'est pourquoi se défaire de cette dynamique demande beaucoup de temps. Et comme je l'écrivais précédemment, l'emprisonné, au départ, ne peut pas sortir de la relation sous emprise, il ne veut pas s'éloigner de l'emprisonneur, il veut simplement que la situation s'améliore et espère un changement de comportement de la part de l'emprisonneur.

Contrairement à ce que certains pourraient croire, l'emprisonneur n'a pas forcément été maltraité durant son enfance. En effet, le psychanalyste Jean-Claude Bouchoux[9] parle plutôt généralement d'enfants rois qui, ne connaissant pas de limites ou qui vivent des limites écrasantes ou paradoxales, n'apprennent pas à se structurer et deviennent des pervers narcissiques.

Chez les emprisonneurs rencontrés dans le cadre de ma pratique professionnelle, plusieurs ont fait mention d'une relation parentale incohérente vécue durant toute leur enfance et même une fois adultes. Plutôt que d'être maltraités, certains emprison-

9. J.-C. Bouchoux, *Les pervers narcissiques,* Éditions Eyrolles, 2011, 188 pages.

neurs en devenir avaient plutôt trouvé des moyens d'effrayer leurs confrères de classe ou présentaient une assurance déstabilisante alors qu'ils n'étaient que de jeunes adolescents.

PRINCIPE 3

Restez vous-même. Peu importe ce que vous faites, certains vous apprécieront et d'autres ne vous aimeront pas. Ne changez pas pour les autres, soyez la personne que vous voulez être.

Ajoutons qu'il ne peut y avoir d'emprisonneur sans une victime. Un tango, ça se danse à deux. L'emprisonné, lui, n'a pas fait quelque chose de précis pour attirer à lui cette situation. Certes, l'emprisonneur l'a ciblé. Mais il faut comprendre que, en premier lieu, l'emprisonné a mis en lumière (sans le vouloir et inconsciemment) une faille existant entre l'image que l'emprisonneur tente de donner de lui-même et son réel ressenti intérieur[10]. L'emprisonneur se définit à travers le jugement des autres. Devant ce qu'il considère une «menace», il réagit en tentant d'écraser l'emprisonné, ce qui rehausse, à ses yeux, l'image qu'il a de lui-même. Ainsi donc, l'emprisonné a peut-être des qualités ou des habiletés qui contrastent avec certaines incapacités de l'emprisonneur et, plutôt que de se remettre en question et de chercher à s'améliorer, ce dernier va tout faire pour détruire la confiance, l'estime et l'image de soi de l'emprisonné. Allez-vous vous niveler vers le bas et vous autosaboter pour ne plus attirer un emprisonneur? Non, car ce serait lui donner encore plus de pouvoir.

L'emprisonneur a pu déceler chez l'emprisonné quelque chose qui lui a permis de croire qu'il pourrait avoir le dessus. En effet, l'emprisonneur peut s'en prendre à certains types de personnalité qu'il pense pouvoir dominer, mais habituellement il recherche

10. *Ibid.*, p. 49.

simplement des comportements traduisant une vulnérabilité momentanée. Un emprisonneur ne reste pas inactif bien longtemps. Il a besoin d'une relation sous emprise pour se sentir vivant, supérieur, puissant. Quand un emprisonné se libère d'un emprisonneur, ce dernier va cibler une nouvelle proie.

Il vise un point faible, une faille, un angle d'emprise, quelque chose à utiliser. Ce peut être simplement un rêve en dormance, un objectif que l'on aimerait atteindre un jour, un souhait, un désir non comblé. Or, tout le monde en a ! C'est le propre de l'humain. Personne n'est donc à l'abri. Le prochain emprisonné, ce peut être vous, votre parent, votre meilleur ami, votre collègue, votre enfant.

Tout au long de ce livre, nous tenterons d'identifier ensemble ce qui a bien pu attirer un emprisonneur, non pas pour changer votre façon d'être, mais simplement pour être davantage conscient de ce que vous dégagez, de qui vous êtes, car plus vous vous connaîtrez, plus vous serez ancré et alors moins vous serez attirant pour un emprisonneur.

J'insiste : l'emprisonné ne provoque pas l'emprisonneur. Il n'a pas cherché ce genre de situation. Il n'a pas à «rayonner» moins fort, à se faire moins visible, à être moins talentueux, *etc.* Le problème, ce n'est pas la beauté, les aptitudes, les connaissances ou les habiletés de l'emprisonné. Le problème, c'est l'envie, la jalousie, la médiocrité, la méchanceté de l'emprisonneur. Et si je prends le temps de l'écrire, c'est que, trop souvent, j'entends des commentaires hautains et mesquins de certains devant l'emprise dont quelqu'un est victime. «Il l'a bien cherché, il n'avait qu'à rentrer dans le moule et faire comme les autres!»

Non, justement! Chacun est unique et devrait pouvoir créer son propre moule. Alain Samson, dans sa conférence «Faites votre C.H.A.N.C.E.», avait d'ailleurs un excellent numéro au sujet de l'envie de plusieurs qui, devant le succès des autres, aimeraient bien aller «péter leurs *tires*». Je me souviens d'un membre d'une organisation qui, n'acceptant pas la complicité amoureuse entre mon conjoint et moi-même, voulait porter préjudice à nos entreprises respectives. C'est quelqu'un d'autre qui, ayant intercepté une discussion, et paniqué par tant de méchanceté, nous avait prévenus de la manœuvre. Allions-nous adopter un comportement conjugal froid et distant devant cette personne? Non. Nous avons plutôt consolidé nos relations dans ce cercle d'affaires. Vous remarquerez que les emprisonneurs ont peu d'amis, mais ils s'organisent pour faire partie de réseau et pour avoir des statuts d'influence. Cependant, l'énergie qui se dégage d'eux est désagréable.

L'emprise est donc d'une relation toxique dans laquelle l'emprisonné se sent de plus en plus vidé, drainé, coincé jusqu'à ne plus être capable de réagir de façon logique et rationnelle. L'emprise vise à neutraliser l'autre, à l'assimiler, à l'asservir, à effacer sa différence et sa spécificité. Notons que, chez les deux protagonistes, on remarque généralement une faible estime de soi. La relation sous emprise ne se développe pas du jour au lendemain comme par magie. Généralement, elle se met en place par étapes. Examinons quelques cas.

PRINCIPE 4

On ne peut pas changer le passé. Vous aurez beau repenser à tout ce que vous auriez pu faire autrement pour ne pas attirer un emprisonneur, celui-ci aurait pu trouver d'autres chemins pour vous atteindre. Regardez en avant, pas en arrière.

1. Passion ou obsession?

Quand j'ai rencontré Jacques, je ne pensais pas être confrontée à une situation aussi dramatique. L'homme, dans la fin quarantaine, avait développé une relation amoureuse avec une femme quinquagénaire qu'il connaissait peu. Ce n'est qu'après leur première nuit ensemble qu'il a su qu'elle était mariée et avait deux enfants majeurs. Mais il était trop tard, il était totalement sous le charme. Sous promesse d'une clarification de son état matrimonial à elle, il a accepté de continuer de la voir, incapable de résister à ses avances et à ses caresses. Grave erreur. Ce célibataire perpétuel croyait avoir trouvé en elle son âme sœur, sa douce moitié, son complément. Le rêve s'est cependant vite transformé en cauchemar. Rapidement, elle s'est mise à l'appeler plusieurs fois par jour au travail pour vérifier ce qu'il faisait, avec qui il était et son intérêt sexuel pour les femmes croisées dans la journée. Décontenancé, il ne comprenait pas ses crises de jalousie, sa colère et son incapacité à lui faire confiance. En fait, c'est elle qui trompait son mari, mais c'est elle qui l'accusait d'infidélité. Il a cru qu'avec le temps et la communication cela s'estomperait. Il s'est dit qu'il devait être compréhensif.

Puis il y a eu cette incroyable nouvelle: elle était enceinte de lui! Catastrophe! Paniqué, ne voulant pas être le «salaud» qui allait la laisser tomber, envahi par une multitude d'émotions contradictoires, ce quadragénaire ne parvenait plus à réfléchir rationnellement. En effet, il ne voyait pas qu'une femme de quarante-deux kilos, soi-disant enceinte de son troisième enfant et à quinze semaines de grossesse, aurait dû prendre du poids et voir son ventre s'arrondir rapidement, alors que rien de tout cela ne se produisait.

Il ne voyait pas non plus le manège bien orchestré derrière les reports prétextés des rendez-vous médicaux lui empêchant d'entendre le cœur du bébé. Pris dans l'engrenage émotif, il ne pouvait se résoudre à croire qu'elle lui mentait. Il devait y avoir une autre explication. Elle a finalement inventé une fausse couche qu'elle a ensuite démentie en affirmant que ce n'était qu'un test pour vérifier son amour. De rebondissements en rebondissements, nous sommes passés à l'annonce qu'elle portait des jumeaux, qu'elle en avait perdu un, puis qu'elle s'était fait avorter avant de supposément retomber enceinte de lui. Oui, oui, vous avez bien lu! Et, évidemment, il n'avait pas pensé que l'utilisation d'un condom, tout au long de ces déboires, pouvait être pertinent! Car, bien sûr, elle lui disait que faire l'amour pourrait provoquer une fausse couche, ce qui serait plus naturel et moins douloureux pour elle que l'avortement qu'elle comptait obtenir. Ils étaient donc très actifs sexuellement. Mais le plaisir ne compense en rien pour le chantage affectif, le harcèlement, les scènes de jalousie, la torture psychologique, l'envahissement, l'épuisement.

Il l'a finalement laissée non sans beaucoup de soutien. Elle est revenue à la charge, n'acceptant pas cette rupture. Ils ont couché ensemble de nouveau et tout le manège des appels jaloux et de la fausse grossesse a recommencé. Car, bien sûr, elle était de nouveau enceinte. Eh oui! Il a fallu tout reprendre depuis le début. Pourquoi ne voyait-il pas l'énorme piège dans lequel il était tombé? C'est le principe de la grenouille dans l'eau chaude!

En effet, si vous prenez un chaudron d'eau et y mettez une grenouille avant d'allumer le feu, le liquide va se réchauffer graduellement si bien que la grenouille ne se rendra pas compte du changement de température. Elle mourra ébouillantée, car au moment où elle prendra conscience du danger, il sera trop tard. Elle sera paralysée par la situation devenue envahissante. Par contre, si vous attendez que l'eau soit en pleine ébullition pour y introduire la grenouille, elle s'en échappera immédiatement, car alors elle ressentira le contraste. Quand une situation s'instaure progressivement, on réagit comme la grenouille, on s'habitue doucement, on s'adapte sans réaliser la dégradation des conditions.

Pour Jacques, il aura fallu qu'elle cherche à s'introduire chez lui en tentant de fracasser une fenêtre avec une pelle de métal pour qu'il demande, une fois de plus, l'aide de la police et qu'il retourne voir sa psy. La dame emprisonneuse, elle, a été internée un mois en psychiatrie, mais même de l'hôpital, sous forte médication, elle continuait de l'appeler, de lui envoyer des messages en passant par des amis qui, eux aussi, croyaient à son histoire. Durant de longs mois, elle a poursuivi son harcèlement. Jacques a mis beaucoup de temps avant de comprendre que le simple fait de l'écouter ouvrait une porte dans l'esprit de cette femme. Elle y voyait un amour non avoué, de l'attention. Elle était convaincue qu'il ne pouvait vivre sans elle, alors que lui voulait juste retrouver sa vie d'avant. Chaque geste posé par lui était interprété par elle comme un signe d'encouragement. Il a dû apprendre à mettre une importante distance physique, psychologique, émotionnelle pour s'en sortir. Cela a pris plus d'une année et demie.

PRINCIPE 5

Une emprise vous révélera un besoin non comblé. Voyez la situation comme une opportunité d'en apprendre davantage sur vous et une occasion de poursuivre votre développement personnel. Soyez indulgent envers vous-même.

2. Investissement à ne pas manquer!

Pour sa part, Suzanne est une femme d'affaires expérimentée. Elle a démarré des entreprises et a toujours su tirer son épingle du jeu. Mais le décès de sa mère et la crise familiale qui s'en est suivie l'avaient épuisée. Célibataire, elle avait, de plus, l'impression que ses enfants profitaient quelque peu de ses largesses. Désormais employée, elle avait le sentiment que son patron se montrait peu reconnaissant et usait de moyens douteux pour réduire le montant des commissions qu'il devait lui verser. Elle avait envie de faire autre chose, de démarrer un projet, de se réaliser autrement. Elle souhaitait une montée d'adrénaline. Voilà donc que se mettait en place un terreau fertile, les ingrédients parfaits pour un changement de cap, bon ou mauvais. Il ne manquait qu'une chose: le prédateur.

Un homme d'affaires est donc venu lui proposer d'investir une large part de son héritage dans un nouveau projet en lui faisant miroiter des gains substantiels d'ici quelques années. «Auriez-vous aimé être approchée par les créateurs de Facebook au moment du démarrage du réseau social? Vous seriez riche aujourd'hui. Voici votre chance! », telle était l'approche. Et elle y a cru.

Elle a fait vérifier le plan d'affaires par un comptable sérieux qui n'y a vu que du feu. Le dossier était habilement monté. Le montant de l'investissement était dans les six chiffres et beaucoup de pression était mise pour qu'elle signe avant une date butoir sinon elle ne pourrait faire partie des «privilégiés» choisis pour s'enrichir. L'homme d'affaires vantait tous les projets qu'elle pourrait ensuite mettre sur pied avec ses bénéfices. Il lui a fait visiter les nouveaux bureaux acquis récemment, lui a présenté les programmeurs travaillant sur le dossier, lui a cité des noms de gens connus qui auraient déjà investi des sommes considérables. Le responsable a même organisé une croisière sur un luxueux bateau afin de faire rêver les participants sur la vie fantastique qu'ils pourraient mener une fois fortunés. La mise en scène était impeccable.

Le responsable du projet revenait continuellement à la charge avec moult arguments, en lui parlant seul à seule, en la flattant dans le sens du poil pour endormir sa vigilance tout en réveillant son désir de reconnaissance et d'aventure. Elle s'ennuyait dans sa vraie vie et avait besoin de s'échapper. C'était la proie idéale... jusqu'à ce qu'elle en parle à un autre homme d'affaires qui a eu la puce à l'oreille et qui m'a demandé d'investiguer avec lui.

Nous avons dû prendre plusieurs angles différents avant qu'elle ne cesse de défendre bec et ongles le projet et qu'elle commence à réellement ouvrir son esprit critique. Car il y a un principe de base à comprendre: une fois que vous avez «acheté» une idée, vous ne voulez pas passer pour le dindon de la farce, vous ne voulez pas vous sentir idiot d'avoir fait ce choix. Vous allez donc vous convaincre vous-même très fort que c'est une excellente idée. C'est la base même de la vente. Quand vous venez de faire l'acquisition d'une voiture, par exemple, votre vendeur va vous vanter les mérites de votre achat, vous conforter dans votre position pour renforcer votre sentiment d'avoir pris la bonne décision. Et vous allez répéter ces mêmes arguments à vos proches une fois revenu chez vous.

Suzanne n'arrivait plus à peser le pour et le contre. Elle utilisait un vocabulaire qui n'était pas le sien. L'homme d'affaires avait réussi à lui faire croire que des actions non participatives signifiaient qu'elle n'aurait pas à prendre part aux longues réunions du conseil d'administration. Elle croyait que ça voulait dire qu'elle ne participait pas aux décisions d'orientation. Or, des actions non participatives, ça veut dire de ne pas participer aux profits! L'investissement devient donc rentable uniquement si les parts sont revendues, donc si l'homme d'affaires veut bien les racheter! Mais s'il ne veut pas les reprendre, vous êtes pris avec des actions qui ne trouveront pas preneur. Avez-vous une idée de la quantité de projets technologiques qui voient le jour chaque année? Des milliers, juste au Canada. Combien réussissent? Moins de 1 %. Le risque est énorme.

Pour Suzanne, l'emprise était telle qu'elle ne réalisait pas que tout projet comporte des risques et qu'il est important de les connaître afin de les évaluer. Pour elle, il n'y avait désormais qu'une voie. Non seulement a-t-il fallu lui apporter les contre-arguments nécessaires, mais il aura été nécessaire de lui proposer une porte de sortie honorable. Pourquoi? Parce qu'elle craignait les impacts d'un refus! Eh oui, lui aussi avait le bras soit disant long. Elle ne voulait pas prendre le risque de se le mettre à dos.

PRINCIPE 6

Quand quelqu'un vous répète trop souvent les mêmes valeurs, c'est soit pour vous convaincre, soit pour se convaincre lui-même. Ne jugez pas quelqu'un à ce qu'il dit, mais plutôt à ce qu'il fait concrètement.

3. Bouée de sauvetage

Karine n'avait pas connu beaucoup d'hommes dans sa vie. Lorsque son mariage s'est mis à battre de l'aile, elle a cru qu'elle en était l'unique problème. Voulant se reprendre en main, elle est retournée sur le marché du travail, a retrouvé un peu d'indépendance financière malgré les critiques acerbes de son mari qui lui affirmait que ce n'était pas nécessaire et qu'elle ne réussirait jamais rien de toute façon. Mais avec cette autonomie recouvrée est venue la prise de conscience de l'état réel de sa relation et des besoins affectifs non comblés. La rupture a été pénible. Le célibat a réveillé chez elle des instincts primaires. Elle était en chasse et se retrouvait rapidement dans le lit d'hommes qui ne l'intéressaient pas réellement ou dont la personnalité profonde était en totale contradiction avec l'illusion qu'elle s'était créée de toutes pièces. Elle repartait le lendemain avec un certain dégoût d'elle-même et de la vie en général.

Puis est arrivé ce jeune homme d'allure charmeuse. Son sourire et son regard doux ont eu raison d'elle, mais c'est surtout sa propre incapacité à être seule qui a orienté sa vie vers cet homme. Égocentrique, immature, il était habitué à sortir avec des femmes nettement plus jeunes et non avec une maman dans la mi-trentaine en manque d'affection. Ils ne faisaient pas l'amour, ils baisaient tout simplement, parce que, pour lui, ça devait ressembler à un film pornographique. C'était sa référence et il ne savait pas faire autrement. Le partage émotionnel, la symbiose de deux âmes, tout cela ne l'intéressait pas. Il n'y avait pas réellement de tendresse entre eux. Il réclamait des fellations, mais il était dégoûté à l'idée de la caresser. Si elle avait mal au ventre et refusait une pénétration qui aurait été douloureuse, il lui répondait qu'il n'avait qu'à «changer de trou». Sa vulgarité ne la surprenait même plus. Bonjour l'empathie et la compassion!

Bien souvent, il préférait passer des heures sur sa console de jeux plutôt que de la rejoindre au lit alors qu'elle l'attendait en petite tenue. Et pourtant, il se vantait à ses amis d'être une bête de sexe! Il inventait de fausses soirées torrides qu'il racontait à ses collègues. À vue de nez, c'était évident qu'elle méritait mieux, mais la solitude lui pesait tant qu'elle était incapable de s'en éloigner plus de deux semaines. Apprendre à s'aimer elle-même lui paraissait une montagne infranchissable, une illusion, de belles paroles qui ne s'appliquaient pas à elle. Avec un emploi précaire, un surplus de poids, deux enfants à sa charge, sans économies, sans maison et retournée vivre chez ses parents, elle ne représentait, à ses propres yeux, qu'un piètre parti pour un homme bien. Qui voudrait d'elle? Autant prendre le premier venu qu'être seule.

PRINCIPE 7

Être célibataire ne signifie pas être désespéré. Ne soyez pas en couple avec n'importe qui, mais bien avec quelqu'un que vous aimez, qui vous aime d'une manière qui vous convient. Être en couple, c'est partager son intimité, c'est créer une chimie et une complicité qui vous stimule, vous enrichit et vous réconforte. Traitez-vous comme vous souhaiteriez être traité et accordez-vous une relation digne de vous!

4. *Regrets et remords*

François était marié depuis une quinzaine d'années. Trompé lors d'une relation antérieure, il avait choisi une conjointe qui ne commettrait pas l'adultère (selon lui), qui avait un emploi sûr et qui voulait des enfants. Il visait la stabilité. Ses choix étaient, de son point de vue, logiques, rationnels et donc appropriés. Mais la passion, l'étincelle et l'amour n'ont jamais vraiment été au rendez-vous. Si bien qu'au fil du temps, les relations sexuelles sont devenues rares, de courte durée et visiblement non appréciées par sa conjointe. Ils avaient consulté: lui souhaitait du temps d'intimité tous les jours alors qu'elle préférait éviter toute cette partie de leur vie. André, un ami de François, lui avait donné un conseil : ne vis pas avec des regrets. André n'avait pas réalisé plusieurs de ses rêves et, désormais dans la cinquantaine, il voyait sa vie passer sans les accomplissements tant souhaités. Il espérait que François ne fasse pas la même erreur.

François était reparti songeur. Le lendemain, alors que des amis de sa conjointe étaient à la maison, elle s'était vantée de le faire « sécher », c'est-à-dire d'espacer volontairement les relations sexuelles qu'elle voyait comme une perte de temps. François a alors réalisé qu'il était en couple avec quelqu'un qui n'avait pas du tout la même vision de la vie que lui. Rien ne faisait l'affaire de sa conjointe. Il l'invitait au restaurant, elle critiquait tant la place assise que le repas et le service. Quand il l'emmenait en voyage, elle trouvait toujours quelque chose à redire. Lui qui était entrepreneur, elle lui reprochait que tous les patrons étaient des profiteurs. Leurs conversations étaient des joutes de ping-pong sans fin dont ils ne sortaient jamais indemnes ni l'un ni l'autre.

Au fil du temps, il a réalisé qu'il était en train de passer à côté de sa vie. Il aurait aimé que le changement s'opère aisément, mais il lui aura fallu être patient pour mettre en place sa nouvelle destinée.

PRINCIPE 8

Il vaut mieux vivre de remords que de regrets, car avant de mourir, c'est davantage ce que vous n'aurez pas fait qui vous dérangera que ce que vous aurez réalisé. Identifiez la vie dont vous rêvez, mettez-vous en action et réalisez-vous. Quand on n'a pas trouvé un sens à sa vie, on devient alors vulnérable.

5. *Confusion de valeurs*

Louise avait un poste de gestionnaire dans une entreprise. Elle se passionnait pour son travail. Performante, efficace, souriante, ses évaluations de rendement étaient exemplaires. Elle avait un travail de rêve avec, comme patronne, sa meilleure amie, Chantal. Elles étaient continuellement ensemble et partageaient tous leurs secrets. Puis, Louise a rencontré un homme dont elle est tombée follement amoureuse. Mais voilà, il n'était pas disponible et, incapable de laisser sa conjointe pour vivre une romance idyllique avec Louise, il est reparti chez lui.

Louise a encaissé le choc durement. Chantal, de son côté, n'a pas manqué de lui rappeler qu'elle l'avait prévenue que ça arriverait: aucun homme ne voudrait d'elle. C'était Chantal la femme fatale, pas Louise!

Mais le calvaire de Louise ne s'est pas arrêté là. Quelques semaines plus tard, elle a perdu le contrôle de sa voiture et a fait plusieurs tonneaux. L'accident lui a causé un traumatisme crânien. Cette blessure physique a été l'élément déclencheur. Elle a sombré dans une profonde dépression, comme si l'accident lui avait donné le droit d'être souffrante. En effet, les symptômes de la maladie étaient déjà présents avant ce dérapage, mais Louise refusait de les admettre. La convalescence a pris son temps. Puis, un retour progressif au travail a été envisageable. Chantal l'a accueillie à bras ouverts et, peu à peu, la vie a repris son cours.

Mais un vendredi soir, Chantal a invité Louise à prendre un verre dans un bar du coin avec de nouveaux amis. Chantal était une fois de plus célibataire et son comportement indiquait clairement qu'elle recherchait un partenaire sexuel. Plus les heures avançaient et plus l'alcool faisait fondre l'inhibition de la patronne au point où, après quelques verres, elle embrassait joyeusement une inconnue, que dire, elle lui roulait une pelle en pelotant ses seins devant la centaine de témoins. Et elle disait à Louise de venir la rejoindre et d'essayer. «Tout le monde le fait!» prétextait-elle.

Mais Louise n'a pas bronché, figée devant le comportement de son amie. Sur le coup de vingt-deux heures, incapable d'en supporter davantage, Louise a salué tout le monde et est repartie chez elle sous les huées de Chantal.

Le surlendemain, Chantal est venue frapper à la porte de Louise en pleurant à chaudes larmes pour sa réputation entachée, tout en reprochant à Louise de l'avoir laissée faire. Cette dernière l'a écoutée et réconfortée, mais elle a compris que quelque chose avait changé dans sa relation d'amitié, sans trop comprendre quoi.

Au bout de quelques jours, Chantal s'est mise à lui faire des reproches sur sa façon de travailler, ses interventions avec les clients et ses suivis. Des documents confidentiels rangés dans le bureau de Louise ont disparu. Chantal lui a fait toute une scène en l'accusant d'incompétence et en lui disant que son accident l'avait laissée handicapée et inapte. Finalement, elle l'a invectivée sur sa tenue vestimentaire qui, selon elle, était trop provocante parce qu'elle permettait de constater que Louise avait une poitrine plus généreuse qu'elle malgré l'absence de décolleté.

Puis, Chantal a demandé à Louise de la rejoindre chez elle où elle lui a remis son avis de congédiement. Derrière elle, sur la table de la cuisine, Louise voyait les fameux documents portés disparus. Chantal a même eu le culot de lui dire qu'elle avait tenté de séduire l'homme dont Louise était amoureuse juste pour lui prouver qu'il n'en valait pas la peine. Louise est repartie défaite et en mille morceaux. Elle venait de perdre son emploi, son statut, sa meilleure amie et bien des illusions. C'était une trahison.

Quand je l'ai croisée peu après, elle était mal en point. Aujourd'hui, bien des années plus tard, Louise a un emploi stable, elle est célibataire et, jour après jour, elle travaille à reconstruire son cœur.

Cerveau & Psycho.fr

Le saviez-vous ?

Influence et confusion

L’humain a la capacité de comprendre l’autre en se mettant à sa place. Cette perception des états mentaux et émotionnels est « contaminée » par nos propres pensées, connaissances, états et émotions. Il y a donc un risque de confusion entre soi et autrui : mes pensées influent celles que je lui prête, mais les siennes influent les miennes. Cette contamination à double sens s’observe chez les personnages charismatiques qui déclenchent des états de groupe. Il y a alors un phénomène de contagion émotionnelle. Le psychiatre américain Douglas Kelley a suivi l’ancien chef nazi Goering incarcéré à Nuremberg à la fin de la guerre. Chargé de déterminer s’il était ou non suffisamment sain d’esprit pour être jugé, Kelley a établi une relation si intime avec son « patient » qu’il s’est trouvé confronté à un conflit de loyauté entre servir les intérêts de son pays et préserver la relation. Quotidiennement, nous influençons autrui, et nous sommes influencés par lui sans intention de manipulation. Quand il y a volonté de nuire, de profiter de l’autre ou de le soumettre, l’état naturel passe alors à une dérive pathologique. La manipulation mentale ne figure pas au registre des maladies du cerveau, pas plus que le fait d’être influençable à l’excès.

Source : Cerveau & Psycho n°50 - mars, avril 2012

トラップの設置

Mise en place du piège

Il n'est point de secrets que le temps ne révèle.
– Jean Racine

Une relation sous emprise s'instaure graduellement. Si le lien était étouffant dès le début, personne n'y resterait! Ce serait facile à déceler. Tout bon emprisonneur sait qu'il doit amadouer sa proie, engourdir sa vigilance et implanter le doute dans l'esprit de l'emprisonné. C'est donc pas à pas, petit à petit que se mettent en place les ingrédients nécessaires. Bien des gens pensent qu'il faut être faible pour tomber dans le piège. Or, il n'en est rien. On peut être intelligent, fort, courageux, sensé et tout de même se faire avoir par quelqu'un qui trouve le bon angle, l'élément vulnérable à exploiter, le besoin non comblé. Pensez à tous ces mouvements sectaires dans lesquels on retrouve pourtant des gens instruits tels que des médecins, des avocats, des ingénieurs, des comptables, *etc.*

1. Hameçonnage

La première étape de l'instauration d'une relation sous emprise est ce que j'appelle l'hameçonnage. C'est la phase de séduction, de l'éblouissement. C'est l'effet WOW! dans toute sa splendeur. Et il sera vraiment impressionnant, voire idyllique!

Au début, quand vous rencontrez l'emprisonneur, vous avez le sentiment de vivre une sublime lune de miel amoureuse ou professionnelle. Tout vous semble fluide, agréable et normal. C'est le début d'une grande aventure.

Durant cette période, l'emprisonneur répond à vos besoins comme s'ils les devinaient, comme si vous étiez connectés télépathiquement. Il y a, entre vous, une affinité, une complicité. Il vous présentera, plus ou moins subtilement, tous les avantages de la relation avec lui, de l'implication au sein de son réseau ou du développement de son projet. L'emprisonneur tisse lentement sa toile, très lentement, si bien que vous ne voyez pas les fils qui s'ajoutent au fur et à mesure. En fait, la relation vous paraîtra saine, douce et si enrichissante. Tout est parfait, exactement ce dont vous rêviez! Il vous dira de prendre votre temps pour découvrir les gens de son organisation ou tous les aspects de sa personnalité s'il vise une relation de couple.

Ainsi, dans la relation amoureuse, le nouveau conjoint – l'emprisonneur – sera avenant, tolérant, attentif et très disponible pour vous. Il vous proposera des activités exaltantes pour apprendre à vous connaître, vous dira à quel point le respect, la communication et la transparence sont importants pour lui. Il donnera l'impression de se dévoiler, de s'exposer, de communiquer, de partager. Vous aurez le sentiment d'échanger, de vous connecter à l'autre. Vous pourriez passer des heures à l'écouter, et il vous fait tellement rire. Vous vous complétez bien et vous discutez beaucoup ensemble. Je le répète : tout semblera parfait.

Si l'emprisonneur est un homme, il sera élégant, tendre, poli, avenant. Il glissera dans la conversation des propositions de projets communs qui sont importants pour vous : vivre ensemble, procéder à un mariage magique correspondant en tous points à ce que vous vouliez, fonder une famille, partir en voyage dans le Sud, *etc.* Et il le fera dans un court délai.

Isabelle Nazare-Aga[11] indique qu'il le fera généralement en moins de trois mois afin de bien vous faire entrer dans son emprise et de réduire la phase d'hameçonnage pour passer à la suivante.

La femme emprisonneuse sera empathique, compréhensive et pleine de petites attentions. Elle sera encline aux relations sexuelles. Il n'y aura pas de disputes, pas de conflits, pas de sautes d'humeur dues aux SPM. Vous aurez l'impression d'avoir trouvé la perle rare.

Jusqu'ici, avouez-le, tout a l'air normal, extraordinaire, certes, mais nullement malsain! Alors comment pourriez-vous savoir que vous êtes en train de tomber dans le piège? Certains diront que c'est trop beau pour être vrai, mais il y a bien des relations saines qui débutent de façon plutôt sereine et harmonieuse. Et c'est facile à dire quand ce n'est pas à soi-même que ça arrive. Ce qui est à retenir ici cependant, c'est la très grande adaptabilité de l'emprisonneur et sa rapidité d'enveloppement. Tout est parfait et tout va très vite avec un emprisonneur. La vitesse avec laquelle il vous fait basculer dans son monde, dans ses désirs à lui est effarante. Il se moule à vous tout en gardant un peu de distance pour ne pas vous effrayer, vous étouffer. Il fait comme vous voulez pour mieux vous mener vers son propre but. Et il vous donnera l'impression que vous voulez, en fait, la même chose que lui.

Dans la relation d'affaires, l'emprisonneur peut être le partenaire potentiel, le patron ou le collègue. Il vous présentera à son réseau afin de vous faire voir quelle chance vous avez de le connaître! Votre nom circulera et il vous référera des clients, des mandats intéressants, des tuyaux. Des formations, conférences ou ateliers vous seront proposés comme étant des plus-values, des atouts. Et, bien entendu, vous rencontrerez des gens qui vous vanteront les mérites d'un tel partenariat ou de cette organisation extraordinaire que vous venez de joindre. Ils vous décriront à quel point leur rencontre avec l'emprisonneur a changé leur vie, leur a

---

11. I. Nazare-Aga, *Les manipulateurs et l'amour*, Éditions de l'Homme, 2014, 200 pages.

permis de développer l'habileté de prendre la parole en public, à oser donner une formation à un groupe, à aller au-devant des clients alors qu'ils sont si gênés dans la vie, *etc.* L'emprisonneur donne l'impression qu'il est au service des autres alors qu'en réalité il ne fait qu'élargir son emprise. Pourquoi le discours de tout le monde semble aller dans le même sens? Pourquoi n'y a-t-il aucune fausse note? Tout simplement parce que l'emprisonneur a choisi les gens que vous rencontrez: ceux qui sont sous son charme, ceux qui sont sous son emprise et ceux qui le craignent et ne veulent surtout pas avoir maille à partir avec lui.

PRINCIPE 9

Trop souvent, on cherche la reconnaissance de sa propre valeur chez autrui au lieu de se l'accorder à soi-même. Acceptez-vous les compliments? Vous donnez-vous à vous-même la reconnaissance tant attendue? Vous félicitez-vous quand vous accomplissez quelque chose? Prenez-vous le temps de célébrer les bons coups? Il ne s'agit pas d'ego mal placé, mais de saine appréciation de soi.

L'objectif de la phase d'hameçonnage est de vous faire croire que vous-même êtes à l'aise dans cette situation, que vous êtes bien «tombé», qu'il y a beaucoup d'avantages et peu d'inconvénients. L'emprisonneur souhaite endormir votre vigilance tout doucement. Il vous dira à quel point vous représentez une valeur ajoutée à l'organisation ou à sa vie. Il vous fera sentir important. Il mettra en valeur vos qualités, vos talents, votre présence. Il pourra même vous demander conseil et ainsi vous procurer le sentiment d'être compétent, fiable, utile, apprécié. Et votre méfiance fondra avec les bons mots.

Ce nouveau conjoint vous dira à quel point il adore faire l'amour avec vous. Il dira même qu'il réalise, en fait, qu'il n'a jamais vraiment fait l'amour avant de vous connaître, que ses autres conquêtes ne vous arrivent pas à la cheville. C'est si différent, si passionné, si doux avec vous. Il gonflera votre estime de vous-même et vous fera sentir extraordinaire.

PRINCIPE 10

Pour qu'une relation soit extraordinaire, il faut deux personnes géniales qui créent ensemble une chimie qui leur convient. Votre relation précédente ne vous convenait pas? C'est un fait! Mais vous en êtes en partie responsable, alors il ne sert à rien de dénigrer cette relation ni même de la comparer avec la nouvelle. Chaque relation est unique et incomparable. L'important, c'est comment vous vous sentez ici et maintenant. Laissez le passé où il est et il vous laissera tranquille, lui aussi.

Le partenaire d'affaires, le patron ou le collègue dira que c'est une chance que vous soyez là, vous avez été de si bon conseil et lui avez évité de faire une gaffe grâce à votre expertise, ou vous l'avez fait bénéficier de judicieux conseils. Il recommandera vos services à d'autres en votre présence et vantera vos mérites, en apparence du moins. Il met en valeur vos compétences et votre savoir-faire. L'emprisonneur flatte ainsi votre ego. Remarquez qu'il n'y a pas de désaccords, de discussions robustes ou de confrontations entre vous. L'emprisonneur et vous êtes sur la même longueur d'ondes pour l'instant. C'est une période d'effervescence, de rencontres intéressantes, de découvertes et d'intégration. Tout est parfait et rapide.

Tout cela n'est qu'illusion et écran de fumée.

Cherche femme pour être entretenu

Je me souviens d'un individu qu'une amie m'avait présenté. Nous l'appellerons Pascal . Mon amie jugeait qu'il ferait un bon parti et espérait avoir déniché, pour moi, celui qui deviendrait l'homme de ma vie. Comme c'est une amie qui me connaît bien, je lui ai fait confiance et je suis allée souper avec le type en question. Je n'ai pas été impressionnée, mais mon amie m'encourageait à lui donner une chance. Je l'ai donc vu à trois reprises en l'espace d'une semaine. Il n'en a pas fallu plus.

Il faut savoir que, dans le cadre de mon travail, je fais parler les gens, je les écoute et je retiens ce qu'ils disent. Et plusieurs me racontent leur vie, ce qui n'est qu'une question de temps. Pascal n'a pas fait exception. Il a tout d'abord tenté de mettre en valeur nos points communs: le karaté, la ville d'origine, quelques amis. Puis, il s'est mis à me décrire les difficultés de la vie auxquelles il a été confronté: parents peu présents, abandon des études, succession de pertes d'emploi, patron incompréhensif et, pour finir, une apnée du sommeil qui l'obligeait à dormir branché à une machine respiratoire. Pauvre de lui, personne ne veut d'un amoureux ainsi accoutré, affirmait-il. Mais qu'à cela ne tienne, un ami allait lui montrer à jouer au poker et il allait ainsi devenir riche. Il lui suffisait d'un peu de temps pour gravir les échelons et, en attendant, une conjointe chez qui habiter, ce serait bien!

Profiteur, vous dites? Dehors!

2. Endoctrinement

Cela fait déjà quelques mois que vous faites partie du réseau d'affaires, que vous avez entamé cette nouvelle relation, que vous discutez avec cet éventuel partenaire ou que vous êtes employé ou collègue de monsieur ou madame XYZ. La lune de miel des premières semaines est encore présente et la flamme est entretenue, mais le but n'est plus de vous éblouir, puisque vous êtes déjà impressionné. Vous êtes appâté. Maintenant, l'objectif de l'emprisonneur est de vous faire faire un pas de plus et d'endoctriner votre façon de penser, de vous faire boire ses paroles comme s'il s'agissait de l'évangile.

En d'autres mots, il veut faire en sorte que vous embrassiez totalement son point de vue, sa cause et sa vision des choses, que vous cessiez de vous questionner sur la validité de ses méthodes, que vous ouvriez votre esprit aux infinies possibilités qu'il vous offre. Il veut vous amener à ne plus douter et même à ne plus réfléchir en dehors de sa façon de faire. Il veut anéantir votre instinct de protection et de vigilance.

Il cherchera donc à vous convaincre qu'il n'y a rien de mieux que ce qu'il vous offre, que ses valeurs sont en fait les vôtres, que votre cheminement est exponentiel depuis que vous le connaissez. Il renforce tous les sentiments positifs qu'il a créés dans la première phase de votre relation afin que vous confondiez vos motivations intrinsèques avec les siennes. Il vous dira d'arrêter de trop cogiter parce que cela vous ralentit. Il vous suggérera de vous fier à votre instinct et de plonger. Et, bien sûr, il est là pour vous guider afin de ne pas perdre pied. L'emprisonneur vous encouragera alors à sortir de votre zone de confort pour faire des choses que vous ne pensiez pas faire.

Ainsi, le réseau d'affaires que vous avez joint insistera pour que vous suiviez ce fameux séminaire donné par le président, que votre entreprise participe à ce salon si prometteur pour lequel vous devez débourser quelques milliers de dollars afin d'y être exposant, que vous soyez obligatoirement présent lors de chaque rencontre du groupe.

Je me souviens de ma grand-mère qui avait le don de faire croire à mon grand-père qu'il avait des idées brillantes. Au moment où il s'y attendait le moins, elle lui disait qu'il avait raison, que son idée émise quelques jours plus tôt était excellente. Et, bien sûr, elle lui rappelait cette fameuse idée qu'il n'avait, en réalité, jamais eue, mais qui venait plutôt d'elle. Mon grand-père repartait alors avec une solution en main, convaincu qu'elle venait de lui et donc qu'elle était bonne! Mais, contrairement à l'emprisonneur, c'est le bien-être de la famille qu'elle recherchait et non le sien. Ses idées qu'elle insufflait visaient ses enfants et permettaient que leur père retrousse ses manches et accomplisse certaines tâches.

Principe 11

Quand on joint un groupe, on souhaite faciliter son intégration. C'est donc difficile de dire non, de mettre des limites, de refuser des demandes. Il est donc important de faire le point dans votre esprit sur vos besoins, ce que vous voulez et ce que vous ne voulez pas. C'est facile à dire, mais pas toujours facile à faire. Ne prenez pas de décision sur un coup de tête. Accordez-vous le droit au recul.

Le nouveau conjoint voudra que vous cessiez de voir vos amis pour vous investir dans la relation. Il vous enjoindra de suivre son régime alimentaire si bienfaiteur pour la santé, vous fera voir les défauts envahissants de vos proches, vous demandera des caresses que vous n'avez pas l'habitude de faire. Il vous affirmera à quel point il s'ennuie de vous en votre absence et voudra que vous lui disiez souvent que vous l'aimez. Mais dès qu'il a eu ce qu'il voulait, il se fait discret et distant, puis revient vers vous.

PRINCIPE 12

On ne fait les choses que pour soi. Vous rendez service aux autres non pas pour eux, mais bien pour des raisons qui vous sont personnelles : parce que ça vous fait sentir bien, parce que vous vous sentez utile, parce que ça vous empêche de penser à vos problèmes, *etc.* L'emprisonneur arnaque pour des raisons qui lui sont propres et qui lui semblent justifiées à ses yeux. Il le fait pour lui.

Le patron ou le collègue vous invitera dans des rencontres habituellement inaccessibles pour votre niveau de responsabilités. Il vous proposera des mandats palpitants et vous fera croire, petit à petit, que les autres équipes ne savent pas s'y prendre. Il affirmera que, vous, vous comprenez, que vous êtes au-dessus de la mêlée. Il vous confiera des tâches supplémentaires sous prétexte qu'il n'a confiance qu'en vous, que vous comprenez les vraies priorités. Les erreurs et retards des autres vous seront indiqués pour mettre en lumière à quel point vous vous distinguez.

La différence avec la phase d'hameçonnage réside dans l'augmentation de la pression que l'emprisonneur exerce. Tout est encore parfait, il ne vous contredit pas, mais il vous fait de plus en plus sentir redevable de ce qu'il fait pour vous. Il ne le dit pas directement, mais il a des répliques du genre : « Un jour, c'est peut-être moi qui aurai besoin de ton aide et je sais que tu seras là pour moi. » Il complète vos phrases en y ajoutant son point de vue. L'idée n'est pas de vous éblouir, mais de vous assimiler.

Tout cela n'est qu'un lavage de cerveau.

Une petite danse?

Je me souviens d'un employeur, appelons-le Daniel, qui, à l'approche des fêtes, donnait rendez-vous à ses employés un samedi après-midi. Chacun d'eux devait monter dans un autobus nolisé sans savoir où il se rendait et sans même poser de questions. Le véhicule les emmenait dans un endroit inconnu, généralement à plus d'une heure et demie de route, quelque part dans un chalet au fond des bois, dans un hôtel à la montagne ou dans une salle lointaine. C'est là qu'avait lieu le party de Noël du bureau dont les conjoints étaient exclus.

Évidemment, ne sachant pas où ils étaient, les employés devaient attendre le départ de l'autobus qui les ramènerait tous ensemble. Bien souvent, le cellulaire ne détectait aucun signal. Ils étaient donc isolés. Avant de quitter les lieux, quelque part au milieu de la nuit, chaque employée devait danser au moins un « slow » avec Daniel sous les lumières plus que tamisées. Une employée avait d'ailleurs failli perdre son emploi l'année précédente parce qu'elle avait pris des photos durant ces danses et le flash de l'appareil avait permis de constater les mains baladeuses de l'entrepreneur.

Pour se convaincre les unes les autres que cette situation était normale, les employées (toutes dans la vingtaine) évitaient toute discussion sur le sujet et obligeaient les nouvelles recrues à y prendre part sans les informer préalablement des obligations de la soirée. Jamais qui que ce soit n'avait osé refuser de se rendre à ce party, de peur d'être congédié.

3. *Pression*

La troisième étape est, à mes yeux, la plus envahissante. Ainsi, une fois que l'emprisonneur vous a embobiné, c'est-à-dire qu'il vous a convaincu de la valeur extraordinaire de votre relation et de la soi-disant supériorité de celle-ci (comparativement à d'autres), il souhaitera aller plus loin dans son processus de prise de contrôle.

En effet, maintenant que vous effectuez depuis un certain temps des tâches qui ne sont pas dans votre description de poste, qu'une certaine routine établie par l'autre s'est instaurée dans votre couple ou que vous avez commencé à rendre certains services à votre éventuel partenaire d'affaires, le temps est venu, pour l'emprisonneur, de passer à l'étape suivante: vous faire sortir votre portefeuille, votre testament, votre alliance, votre influence.

C'est beau les galipettes, les discussions philosophiques, les rencontres de réseautage et les commérages sur l'incompétence des autres, encore faut-il que ça rapporte. Car, en réalité, l'emprisonneur a un but, un objectif, une cible. Ses gentillesses et son attention ne vous sont pas dévolues pour vos beaux yeux, loin de là. Et il agit selon ses intentions. Ce n'est pas pour votre bien qu'il fait de tels efforts, mais pour le sien.

Retenez cependant que l'action de l'autre n'est pas dirigée contre vous, mais pour son bien à lui. Vous me direz que ça ne fait pas de différence pour vous qui subissez, mais, au contraire, ça fait toute la différence du monde, car ce qu'il faut retenir de ceci, c'est qu'il ne sert à rien de le prendre personnel. Il vous a ciblé, certes, a cerné que vous tomberiez dans le piège, a saisi les failles de vos mécanismes de défense, mais il agit d'abord et avant tout pour que ça lui rapporte quelque chose. C'est à lui qu'il pense. Il a besoin de cette emprise sur vous. Vous êtes ainsi moins extraordinaire à ses yeux et il se sent mieux.

Vous n'êtes qu'un pion dans l'histoire, pas le personnage principal. C'est lui l'acteur majeur de ce film. Vous n'êtes qu'un figurant parmi tant d'autres. Vous êtes le poisson qu'il a hameçonné, c'est lui le pêcheur. Et c'est lui qui mène la barque. Vous êtes dans son jeu à lui alors ce sont ses règles qui s'appliquent et, évidemment, il s'amuse à les changer quand il le veut, selon son bon vouloir.

Vous croyez que vous allez reprendre le contrôle? Alors c'est qu'il vous a eu plus que vous ne le pensez! Ne faites pas l'erreur de croire que vous êtes plus fort, car c'est votre orgueil qui vous perdra. Soyez plus intelligent que cela. Tant que vous jouez son jeu, il mène. Sortez du jeu!

PRINCIPE 13

La pression qu'il met pour vous faire prendre une décision sert à vous bousculer, à vous empêcher de prendre le temps de réfléchir logiquement, de peser le pour et le contre, d'analyser sereinement. Accordez-vous un délai. Répondez que vous allez y penser et que vous lui reviendrez. Et souvenez-vous que la nuit porte conseil.

Et si vous n'agissez pas comme il le prévoit, alors l'emprisonneur vous fera connaître sa déception, son désaccord avec davantage de force et de conviction que précédemment. Il insistera pour que vous suiviez le chemin qu'il a tracé. Il reviendra à la charge pour vous convaincre, encore et encore. Sa ténacité pourra vous surprendre, mais il sait que, dans la plupart des cas, on a le poisson à l'usure. Il attendra que vous soyez simplement plus fatigué et que vous n'ayez plus l'énergie de vous opposer, de lui dire non.

C'est une période très exigeante énergiquement parce que l'étau se resserre et il n'y a plus beaucoup de portes de sortie. Généralement, la personne coincée à ce stade est envahie, a beaucoup de difficulté à admettre l'ampleur de la problématique, mais ressent un inconfort important qui se répercute sur les plans de la santé, des loisirs, du travail, du couple.

On observera en effet divers symptômes : insomnie, perte d'appétit, consommation plus importante d'alcool ou de cigarettes, difficulté de concentration et d'attention, contraction musculaire au niveau des épaules et du cou, réapparition de troubles pourtant contrôlés habituellement tels que l'eczéma, l'urticaire, l'asthme, l'acné, les maux de dos, les brûlements d'estomac, les engorgements de foie, les rages de sucre, l'hypoglycémie, les migraines, *etc.* Le stress engendré par cette phase est majeur et ne doit pas être pris à la légère. Il vous sera difficile de méditer tant votre esprit sera préoccupé.

C'est la période où un observateur extérieur aura l'impression que vous lui parlez d'un mouvement sectaire tant le comportement décrit est obsédant et encombrant. L'emprisonneur revient souvent dans vos conversations et surtout dans vos pensées.

Si la relation sous emprise que vous vivez se situe au sein de votre couple, vous aurez deux réactions étranges : vous parlerez régulièrement de ce conjoint aux proches qui vous côtoient encore et, d'un autre côté, vous n'oserez pas exposer certains aspects de votre relation, car il y a tout de même une partie de votre esprit qui comprend que ça n'a pas de bon sens et qui a honte de s'être fait prendre.

Vous aurez de la difficulté à faire abstraction des pensées qui tournent autour de lui. Le plus triste est que vous ne réaliserez pas que vous êtes envahi. C'est votre entourage qui le verra. Faites le parallèle suivant : la personne qui a trop bu n'admet pas l'exagération et ses conséquences. C'est pour les autres que c'est désagréable, voire pénible. C'est la même chose : l'envahissement émotif altère le raisonnement. L'entourage verra que vous perdez le fil de vos conversations, que vous êtes distrait, que vous semblez préoccupé, mais il vous sera difficile à vous de le voir et de vous l'admettre à vous-même.

Si c'est avec un patron ou un collègue que vous avez cette relation sous emprise, vous vous sentirez surveillé, épié. Évidemment, on vous dira que c'est pour votre bien, mais c'est tout de même très insistant.

Si c'est avec un partenaire d'affaires que vous êtes aux prises, vous vous questionnerez sur sa réelle influence, sur ses relations, sur les impacts et conséquences si jamais vous le déceviez. Et, bien entendu, les résultats spectaculaires tant promis mettront du temps à se manifester, ils ne viendront qu'au compte-gouttes. Les délais seront reportés, les profits seront retardés, les produits ne seront jamais complètement finis. Le temps va s'étirer et votre énergie va s'amoindrir. Le découragement, la frustration, l'incompréhension et la honte vous gagneront.

Durant cette période, on vous demande ni plus ni moins de cesser de réfléchir. On vous laisse entendre que votre rationnel bloque votre évolution, votre cheminement, qu'il vous faut apprendre à faire confiance, que des portes vont s'ouvrir devant vous. Retenez bien qu'une pression importante est mise sur vos épaules pour agir d'une façon que vous n'auriez pas acceptée avec quelqu'un d'autre, que ce soit pour investir, dépenser, prêter de l'argent, défendre un dossier à la place de l'autre, *etc.* Vous allez à l'encontre même de vos propres principes.

Tout cela n'est qu'un engrenage de plus.

Êtes-vous prêt à cheminer?

Je me souviens d'une amie qui m'avait demandé de l'accompagner dans un salon de pierres précieuses. On y trouvait là-bas un très grand nombre de kiosques de toutes sortes. Elle m'y a présenté un homme qu'elle connaissait déjà, que nous appellerons Sylvain. Il était le conjoint d'une artiste qu'elle appréciait beaucoup. Or, elle le trouvait bien insistant avec elle depuis quelques semaines.

En effet, il souhaitait qu'elle aille suivre des sessions de développement personnel avec lui. Sylvain nous a raconté qu'il avait organisé un voyage dans un pays étranger et que l'une des participantes s'était désistée à la dernière minute. Il en avait conclu qu'elle n'était pas prête à cheminer, qu'elle n'avait pas compris l'essence de ses enseignements et tout le potentiel que pouvait lui apporter ce voyage initiatique.

Il nous a ensuite «testées» pour savoir si, nous, nous étions plus «matures». Pendant quelques minutes, il a tenté diverses approches pour convaincre mon amie de s'inscrire sur-le-champ à l'un de ses cours jusqu'à ce que je m'interpose physiquement entre les deux. Je l'ai questionné de façon anodine sur les pierres exposées sur sa table. Il m'a fourni des réponses erronées que j'ai contredites tout en douceur mais en fermeté. Incapable de m'amadouer et mal à l'aise sur ce nouveau terrain de jeu, il a reculé. Nous sommes reparties. Mon amie a eu le sentiment qu'il avait tenté de l'hypnotiser et il lui a fallu plusieurs heures pour se débarrasser de cette impression d'envahissement de l'esprit.

4. Dénigrement/indifférence

C'est la phase finale: ça passe ou ça casse. Devant votre lenteur à vous décider «d'embarquer» dans le projet proposé, devant vos doutes quant à certaines demandes jugées envahissantes, l'emprisonneur jouera le tout pour le tout: il vous provoquera. Deux stratégies sont alors souvent utilisées: le dénigrement et l'indifférence.

Dans le dernier cas, il vous ignorera pour que vous vous sentiez seul et abandonné. Il ne vous donnera plus de nouvelles, va oublier de vous inviter au 5 à 7, continuera de discuter avec un autre à votre arrivée dans la pièce. Il se montrera désintéressé par vos dernières nouvelles et, surtout, il donnera beaucoup d'attention à un nouveau venu dans le groupe, à quelqu'un qui se montre plus intéressé à investir ou à un prospect éventuel.

L'objectif est de créer un vide pour vous faire réagir. Personne n'aime être délaissé. Quand une personne a été un centre d'intérêt fort valorisé et qu'elle tombe sous le radar, l'écart est grand, la sensation de solitude l'est tout autant.

PRINCIPE 14

L'emprisonneur connaît très bien le jeu du chat et de la souris. Il joue avec sa proie. Il crée un moment de bonheur et de plaisir, puis s'éloigne et l'attise, la fait languir, la torture avec son silence et son désintéressement. Quand sa proie se morfond d'ennui et qu'elle est rongée d'inquiétude face à son silence, il la relance et l'emprisonné retombe avec avidité et soulagement dans son piège. Un chat ne devient jamais ami avec une souris. Il la mange.

La seconde stratégie consiste à dénigrer votre «incapacité à vous décider», à commenter publiquement votre indécision afin de provoquer une réaction de votre part. L'idée est de piquer votre ego, de stimuler votre esprit de compétition, car bien des gens tombent dans le collet. Ils veulent «laver leur honneur», prouver leur valeur ou leur compétence en se lançant alors corps et âme sans avoir vu le piège tendu.

Il y a des gens avec qui il suffit de leur dire qu'ils ne seront pas capables d'accomplir quelque chose pour qu'ils tentent désespérément de relever le défi. C'est l'orgueil qui prend le dessus sur la raison.

Tout cela n'est qu'un appât.

Silence, je fuis!

Il y a de nombreuses années, j'ai débuté une liaison avec un homme plus âgé. Appelons-le Jonathan. J'étais célibataire, prête à m'engager, mais pas lui. Quand il voulait me voir, il m'écrivait des courriels enflammés, m'appelait, passait me rendre visite.

Quand j'ai ouvert la discussion en lui mentionnant que la situation ne me convenait plus, que je ne désirais pas continuer de cette façon et que je souhaitais connaître ses réelles intentions, il a demandé à réfléchir. Il est parti un mois en voyage à l'étranger sans me donner une seule nouvelle. Pas un mot, pas un message, rien.

À son retour, il ne m'a pas contactée. C'est moi qui lui ai écrit pour lui demander comment il allait. Il a alors repris le jeu des messages érotiques et des appels lascifs jusqu'à ce que je lui demande s'il avait réfléchi et pris une décision. Peut-être espérait-il que je me contenterais de cette relation secrète à temps partiel.

Avec le temps, je me suis consolidée. Lorsque j'ai mis fin à la relation, il a dit accepter mon choix, mais, quelques mois plus tard, il m'a envoyé un message à double sens, histoire de m'appâter, ce à quoi je n'ai pas répondu. Il a attendu six mois puis en a envoyé un autre. Même si j'étais désormais en couple et que je lui avais clairement signifié mon désintérêt et le fait que je ne voulais plus avoir aucun contact avec lui, il m'envoie tout de même un mot une à deux fois par année.

Cerveau & Psycho.fr

Le saviez-vous ?

Formes de mensonges et pathologies

Il existe trois formes de mensonges : le mensonge officieux accompli pour rendre service, ne pas faire de peine, ne pas choquer, protéger, sauver; le mensonge joyeux, qui fait rire, fait pour se distraire, pour le plaisir; le mensonge pernicieux, destiné à faire du mal à autrui ou à obtenir des avantages indus. L'équipe d'Ayahito Ito de la Faculté de médecine Tohoku, au Japon, montre que le cortex préfrontal (région de l'inhibition) du menteur est activé de façon plus marquée, mais il n'y a qu'une faible charge émotionnelle durant ces expériences. Xiaoqing Hu et ses collègues ont montré que l'imagerie cérébrale ne permet pas de distinguer un menteur d'une personne qui dit la vérité. Parmi les pathologies sévères de mensonge, il y a le syndrome de Münchhausen: le malade fabule et se vante de réalisations hors du commun difficilement crédibles. Le syndrome de Münchhausen par procuration implique un parent qui provoque lui-même des maladies chez son enfant tout en se montrant très inquiet de ce qui lui arrive. La mythomanie est une « tendance pathologique, plus ou moins volontaire et consciente, au mensonge et à la création de fables imaginaires ». Dupré distinguait trois formes de mythomanie. La mythomanie vaniteuse : le sujet relate des exploits imaginaires qu'il aurait accomplis afin de capter l'attention d'autrui ou il simule des maladies. La mythomanie maligne : le sujet porte des accusations calomnieuses, avec supercheries diverses dirigées contre les autres, entrant dans le cadre

d'un instinct de destruction. La mythomanie perverse: est constituée de fabulations mises au service de la cupidité ou de la prédation sexuelle.

Le mythomane est porté à mentir de façon impulsive. Il démontre un talent imaginatif, trompant ses auditeurs et adaptant son discours aux contextes et aux gens. Il s'invente facilement des relations haut placées, des ancêtres fameux, des diplômes ronflants, un métier prestigieux, des moyens financiers sans limites, des actions d'éclat. Dans plusieurs types de personnalités pathologiques, la mythomanie a pour fonction de donner au sujet la possibilité d'échapper au réel par l'imagination et de se faire valoir ou plaindre comme chez les personnalités *borderline* (états limites) ou hystériques (appelées aussi histrioniques). Chez le pervers, le narcissique, le psychopathe, il y a un mélange de vantardise et de mensonges manipulatoires destiné à tromper les autres, à les exploiter pour l'assouvissement de ses propres désirs, sans la moindre empathie.

Source: Cerveau & Psycho n°57 - mai, juin 2013

戦略

STRATÉGIES

La valeur de l'art est fonction de celui qui l'utilise.
– Gichin Funakoshi

Les stratégies de l'emprisonneur sont multiples et souvent bien rodées. Cependant, après discussion avec plusieurs experts, il en ressort certains *patterns*. Ajoutons qu'il y a plusieurs types d'emprisonneurs et les stratégies énumérées plus bas vont donc prendre une couleur différente selon le genre d'emprise.

- ✓ Le séducteur charmeur: il fait la cour, complimente, donne l'impression d'être attiré par vous.
- ✓ Le convaincant emballé: il a pleins d'idées qu'il juge géniales et son enthousiasme est contagieux.
- ✓ Le vigilant protecteur: il veille sur vous, vous défend devant des dangers qu'il invente par moments.
- ✓ Le syntonique moulant: il se connecte à vos désirs, dit comme vous, a les mêmes goûts que vous.
- ✓ Le riche financier: il vous fait des cadeaux, vous entretient, vous gâte tant que vous demeurez dans sa cage dorée.
- ✓ Le relationnel sexuel: il vous fait vivre des expériences orgasmiques récurrentes et satisfaisantes, mais vous lui appartenez, vous êtes sa possession.

✓ L'intimidateur agressif: il vous terrorise dès le départ pour anéantir votre estime de soi et votre confiance en vous. Il vous rappelle que c'est lui le boss, le maître, le décideur.

1. Aller à la pêche

L'emprisonneur est un pêcheur et il cherche un poisson. Il va donc à la pêche et vous tend plusieurs lignes. Il vous titille avec des affirmations et des comportements afin d'observer votre réaction. Il recherche des informations. Il vous fait parler, prend note de vos réactions et comportements. Il sait ainsi à qui il a affaire et si vous mordez à l'hameçon.

Rappelons que la cible est loin d'être faible, bête, crédule. L'emprisonneur adapte sa stratégie à chaque personne qu'il rencontre avec beaucoup d'adresse et d'intelligence.

Par exemple, il peut vous lancer quelques phrases sur ses moyens financiers si incroyables depuis qu'il travaille sur tel projet. Il guettera alors votre désir de posséder plus d'argent. Il peut vous faire part de ses réflexions sur la vie de couple afin de vous donner l'illusion que vous vous rejoignez tellement sur ce plan. Bref, il vous teste et adapte son opinion en fonction de vos réponses. Il ne ressent pas de manque, de sentiment de solitude ou de besoin de réalisation. Il est focalisé sur vous. Il vous fait rêver. Il lui suffit d'identifier le rêve qui vous fait vibrer.

PRINCIPE 15

Identifiez des objectifs dont la réalisation dépend de la convergence de vos efforts, de vos apprentissages, de vos capacités et de vos moyens d'action. Développez vos propres capacités afin de ne pas dépendre de celles des autres.

2. Faire en sorte de ne pas l'oublier

Il ne vous laissera jamais longtemps sans nouvelles durant les premières phases. Il ne veut pas que quelqu'un d'autre prenne cette place qu'il convoite dans votre esprit. Aussi, il se manifestera de façon régulière, se fera voir ou s'assurera que quelqu'un vous parle de lui. Je me souviens d'un homme qui, régulièrement, envoyait des courriels anodins à la personne ciblée: des blagues, des réflexions, un petit bonjour. Il ne se passait jamais plus de trois semaines sans qu'elle ait des nouvelles. Notre ami Jacques pouvait recevoir entre dix et quarante appels quotidiens de sa douce moitié supposément enceinte. Je me souviens d'une cliente qui, étrangement, croisait «par hasard» pratiquement chaque semaine le développeur de projet qui souhaitait son investissement.

L'idée est de créer un lien de confiance et des souvenirs positifs associés à lui. C'est donc une approche cordiale et agréable qui sert à donner l'impression de se connaître.

PRINCIPE 16

Élargissez votre cercle d'amis, d'affaires et de connaissances, ayant ainsi autour de vous des gens avec qui échanger sur divers sujets et auprès de qui aller demander un second avis.

3. Omettre pour vous laisser imaginer

L'emprisonneur aguerri ne vous donnera qu'une information partielle à propos de lui, de ses projets, de ses idées afin que votre esprit comble lui-même les blancs. Et comme l'univers a horreur du vide, vous remplirez inconsciemment les «trous» dans son histoire. Il demeure évasif sur son passé. Il parle mais de façon détournée. Il vous amène dans la sphère des non-dits, de l'implicite et des sous-entendus. Il n'en dira pas plus qu'il ne faut, prononcera des phrases incomplètes et vous pourrez ainsi vous imaginer le reste. Il restera dans le flou afin que vous n'ayez jamais tout à fait accès à lui, que vous n'ayez pas d'emprise sur lui. Il énumèrera des faits non vérifiables. Ce n'est que de la poudre aux yeux, mais cette poudre peut avoir l'apparence de grandes vérités.

Cette stratégie lui permet aussi de faire varier son discours dans le sens du vent, c'est-à-dire qu'il peut modifier considérablement son opinion selon la tendance du groupe, un avis extérieur ou en fonction de ce qui le fait le mieux paraître. Il va donc reprendre le peu qu'il a dit et lui donner un nouvel angle qui vous semblera logique. Vous croirez que vous avez confondu ou mal compris la première fois. C'est un expert dans l'art de bluffer. Si vous anlysez ses propos, vous réaliserez que ceux-ci peuvent avoir bien des interprétations différentes.

Vous aurez d'ailleurs, par la suite, beaucoup de difficulté à lui faire des reproches puisqu'il vous a dit si peu de choses en réalité. C'est votre esprit qui a créé des informations. Et il saura vous faire admettre que vous avez basé votre jugement sur vos interprétations et non sur ses affirmations. Et il aura raison!

PRINCIPE 17

Trop souvent, on prête nos propres intentions aux autres. On leur attribue nos besoins. Ne tenez pas pour acquis que vous savez ce qui se passe dans la tête de l'emprisonneur. Posez des questions et, surtout, écoutez les réponses. Demandez-vous en quoi elles sont différentes des vôtres.

Ne dire qu'à moitié pour vous laisser créer

Je me souviens d'un entrepreneur schizophrène fonctionnel, dont la maladie n'était nullement visible à première vue et dont les employés, clients, fournisseurs et partenaires ne connaissaient rien de son état. Appelons-le Albert. Même ses associés ne savaient pas qu'un tel diagnostic existait. En effet, son intelligence lui permettait de camoufler certains aspects. À quelques-uns, il avait seulement révélé avoir eu une maladie du cerveau, sans plus de détails. Résultat, les gens s'imaginaient qu'il avait eu un cancer et le prenaient en pitié, étaient plus indulgents envers lui, acceptaient davantage ses retards de paiement, ses problèmes de productivité, ses mensonges. Il utilisait cette astuce chaque fois que cela lui apparaissait utile. Après plusieurs mois, certains partenaires finissaient par avoir des doutes sur sa santé mentale, mais ils étaient loin d'envisager une maladie d'une telle gravité.

Cette stratégie d'information partielle pour que l'interlocuteur imagine le reste, il l'utilisait abondamment lorsqu'il faisait une vente, intervenait auprès d'un client mécontent ou recadrait un employé. Après un certain temps, il s'organisait pour se départir des employés qui posaient trop de questions ou des partenaires devenus suspicieux. Or, quand on réussissait à le faire parler, il s'avérait qu'il était lui-même incapable de faire la distinction entre le réel et l'imaginaire... Alors, la schizophrénie qu'il a lui-même annoncée à sa famille à l'âge adulte est-elle réelle ou est-ce un manège de plus pour manipuler l'entourage et le rendre conciliant?

4. Semer le doute

L'emprisonneur va tenter de semer le doute dans l'esprit des gens de votre entourage pour que leur influence vous mène là où il le veut. Il s'agit donc ici d'utiliser la pression des pairs, de leur faire croire à une version des faits, voire même à des éléments inventés de toutes pièces afin que la perception qu'ils ont de vous soit modifiée et qu'ils agissent alors envers vous de façon différente. Ensuite, il tentera de vous faire croire à une réalité autre que celle que vous percevez. C'est l'effet Pygmalion à l'envers, utilisé à mauvais escient. Il suffit de vous faire remarquer des détails et de les interpréter de manière à aligner votre esprit dans une réflexion. Ainsi, l'emprisonneur pourrait vous dire que tels et tels symptômes sont sûrement liés à cette maladie grave dont ils ont parlé à la télé. Il pourrait aussi vous dire que les employés qui parlent ensemble à l'autre bout de la pièce manigancent contre vous.

Au cours des premières semaines, peut-être que vous ne prêterez pas trop attention à ses propos, mais votre inconscient va tout de même les enregistrer et les analyser. Et, à chaque fois qu'un détail va attirer votre attention, ses commentaires vous reviendront à l'esprit et vous vous questionnerez sur leur validité. Le scénario va s'enclencher. Vous deviendrez alors suspicieux et interpréterez chacun de ses comportements en fonction de cette nouvelle information. Au bout d'un certain temps, vous adopterez le comportement qu'il a prédit à votre entourage sans vous en rendre compte et les autres deviendront aussi suspects que vous l'avait annoncé l'emprisonneur. Le piège est en place.

PRINCIPE 18

À force de chercher le mensonge chez l'autre, vous risquez de créer des menteurs. Les gens finissent par adopter l'attitude et le comportement qu'on leur prête. C'est ce que l'on appelle l'effet Pygmalion. Le doute engendre le doute.

Faux diagnostic

Je me souviens d'un patron, que nous appellerons René, qui avait tenté de convaincre le conjoint de l'une de ses employées ainsi que la belle-famille de celle-ci qu'elle était en dépression, bien qu'elle ne présentât pas les symptômes caractéristiques de cette maladie. Par la suite, une fois l'idée implantée dans l'esprit de l'entourage, il était intervenu auprès de l'employée concernée et nullement au courant du manège, pour essayer de la convaincre qu'elle souffrait d'hyperthymie parce qu'elle faisait de l'insomnie. Quel était le but? Simplement de la déstabiliser, de la rendre vulnérable, de créer le doute dans son esprit.

En effet, elle avait refusé de devenir associée, d'investir des sommes d'argent dans la compagnie et elle l'avait confronté sur certaines décisions éthiquement discutables. Mais il a fallu qu'elle fasse des recherches auprès d'une psychoéducatrice et d'un médecin pour prouver à son conjoint qu'elle ne souffrait d'aucune maladie. Elle avait certes des problèmes d'insomnie, ce qui la rendait irritable (2e symptôme), mais elle ressentait pleinement la fatigue et ne présentait aucune manie ni anxiété.

Or, quelques mois plus tard, le même manège était désormais destiné à une autre employée qui, elle, a cru qu'il avait raison et qu'elle était réellement en dépression. La première employée, qui lui avait démontré qu'elle n'était pas malade, a été congédiée sans qu'aucun motif ne soit invoqué.

Cerveau & Psycho.fr

Le saviez-vous?

Soumission à l'autorité

Selon les travaux du psychologue Stanley Milgram, de l'Université de Yale, ce n'est pas tant le type d'individu qui détermine son action que le type de situation auquel il est confronté. Milgram a monté des expériences dans lesquelles des participants devaient apprendre des associations de mots à d'autres participants désignés élèves. Si l'élève commettait une erreur, «l'enseignant» pouvait lui administrer des chocs électriques au moyen d'un générateur pouvant aller jusqu'à 450 volts. L'élève était, en fait, un comédien simulant la douleur. Il était attaché à une chaise. Lorsque l'enseignant se retournait vers le responsable pour savoir ce qu'il devait faire ou pour exprimer sa réticence, il ne recevait qu'une réponse standardisée l'incitant à poursuivre l'expérience. 12,5 % ont administré jusqu'à 300 volts; 20 % entre 315 et 360 volts; un sujet a arrêté entre 375 et 420 volts; 65 % des sujets ont administré le maximum de voltage possible! Les recherches ont démontré que, si l'enseignant n'est pas en contact direct avec l'élève qui est dans une autre pièce, 66 % administrent la décharge maximale contre 62,5 % s'il y a un contact audio et 40 % s'il y a un contact de proximité (dans la même pièce avec contact physique pour attacher une sangle). Si le responsable de l'expérience est proche des enseignants, 90 % d'entre eux administrent la décharge maximale.

Source: Cerveau & Psycho n° 38 - mars, avril 2010

手がかり

Indices révélateurs

Notre plus grande gloire n'est pas de
ne jamais tomber, mais de nous relever
à chaque fois que nous tombons.

– Confucius

Plusieurs indices indiquant qu'il s'agit d'une relation sous emprise sont visibles pour un œil extérieur, mais, évidemment, ils n'apparaissent souvent que tardivement et, pris individuellement, ils semblent inoffensifs. C'est la vue d'ensemble qui permet de voir à quel point la situation est malsaine. Par ailleurs, c'est toujours plus facile de voir les manèges d'un emprisonneur quand on n'est pas soi-même visé, tout simplement parce qu'il n'y a pas d'implication émotive de notre part. Ne soyez donc pas trop sévère envers la proie d'un prédateur. À sa place, vous n'auriez peut-être pas fait mieux.

1. La pression du temps et le délai

L'emprisonneur moyennement expérimenté use de la pression du temps. Il vous donnera donc une date butoir pour prendre votre décision et, dépassé cet ultimatum, il offrira l'opportunité à quelqu'un d'autre. Tous les vendeurs, à un moment ou à un autre, vous diront que la super vente a une date d'échéance et c'est normal. Mais un bon vendeur vous permettra de prendre le temps nécessaire pour réfléchir et vous dira que, si vous avez besoin de plus de temps, il y a aussi d'autres produits qui peuvent peut-être vous convenir, d'autres forfaits, *etc.* L'emprisonneur, lui, vous donne l'impression que la terre va s'arrêter de tourner, que vous allez rater l'occasion de votre vie si vous ne dites pas oui dans les prochaines vingt-quatre heures. Le délai est court, ce qui vous empêche de consulter à tête reposée les experts et conseillers qui pourraient vous aiguiller correctement. Vous ressentirez un sentiment d'urgence et si vous êtes à l'écoute de vos émotions vous éprouverez une impression d'obligation, de bousculade.

L'échéancier de livraison du projet, lui, peut être échelonné sur une longue période ou, au contraire, être très court. Dans le cas de l'échéancier à long terme, les nombreux mois nécessaires à la mise en place des différentes étapes permettent à l'emprisonneur de vous embrouiller. Bien que l'investissement soit immédiat, comme il s'agit d'un travail de longue haleine, vous vous ferez expliquer que vous devez faire preuve de patience et de bonne volonté. Selon le calendrier prévu, une première ébauche ou un prototype vous sera potentiellement présenté six mois plus tard. Ce laps de temps permet de trouver des justifications expliquant les reports à venir en plus de jouer avec l'information et vos souvenirs. Peu de gens ont réellement une bonne mémoire. En s'amusant un peu avec les mots, il est relativement aisé pour l'emprisonneur de modifier son discours et de vous laisser croire que vous avez mal compris ou enregistré l'information que partiellement.

Ainsi, l'emprisonneur qui, au départ, promettait une maquette ou un prototype en août, en viendra à parler finalement d'octobre en vous rappelant qu'il faut bien prendre son temps pour produire un document de qualité et les vacances estivales ont retardé le travail des employés. Vacances qui, soit dit en passant, auraient dû être planifiées dans l'échéancier. Mais en décembre, vous n'aurez toujours rien à vous mettre sous la dent. Puis le temps fait son œuvre sur les sentiments. Loin des yeux, loin du cœur. Il est difficile pour quiconque de maintenir un intérêt envers un projet qui prend des mois à voir le jour et qui n'est pas palpable, près de soi.

Pensez-y. Combien de personnes s'inscrivent au gym pour un an et, au bout d'à peine quelques semaines, ils n'y vont plus même s'ils ont payé et ne seront pas remboursés? Combien d'entrepreneurs sont membres d'une chambre de commerce ou d'un réseau d'affaires mais ne se présentent pas aux rencontres? Combien de gens débutent la rédaction d'un roman et ne la terminent jamais? Bien des projets sont entamés et abandonnés malgré l'investissement financier et temporel. Quand une arnaque s'échelonne sur une longue période et que l'emprisonné n'est pas certain s'il s'est fait avoir ou si la personne est de bonne foi, il est plus malaisé de critiquer. C'est d'autant plus vrai quand il s'agit d'un domaine qu'il ne connaît pas. Le temps amplifie le sentiment de honte et tempère la colère initiale.

Si le délai de livraison du projet est, au contraire, très court, c'est tout simplement pour vous empêcher de changer d'idée et de vous rendre compte que c'était une fraude. Les montants sont généralement moins élevés, soit quelques milliers de dollars, et l'arnaqueur va disparaître dans la nature dès qu'il aura son argent. Il sera impossible de le retrouver. Que le délai de livraison soit à long ou court terme, la réponse de l'emprisonné, elle, est toujours exigée très rapidement, encore une fois pour limiter les possibilités de faire des vérifications approfondies et de peser le pour et le contre. Avant d'investir dans un projet, il est toujours préférable de vous demander depuis combien de temps vous connaissez le demandeur, comment vous l'avez rencontré et ce que vous savez véritablement sur ses activités.

PRINCIPE 19

Quand le destin ferme une porte, il ouvre toujours une fenêtre. Si une opportunité vous donne trop peu de temps pour la saisir en pleine connaissance de cause, c'est peut-être qu'il y a quelque chose de mieux qui vous attend.

2. *Le secret*

Chut! il ne faut surtout pas en parler! La non-divulgation de l'information est importante dans la relation sous emprise. En effet, pour réussir à contrôler quelqu'un, encore faut-il ne pas être court-circuité par autrui ou par des renseignements fiables et crédibles. Une personne extérieure apporte un nouvel éclairage, un point de vue différent et peut ne pas être en accord avec les propos, le comportement, l'approche ou les suggestions de l'emprisonneur. Si cette personne a de l'influence sur la cible de l'emprisonneur, elle peut complètement détruire ses tentatives d'emprise et renverser la perception de l'individu. Aussi, les emprisonneurs tentent souvent d'isoler leurs proies en laissant entendre qu'elles ne doivent surtout pas dévoiler la teneur de leur relation intime avec eux ou les qualités exceptionnelles du projet proposé: des envieux pourraient tenter de réclamer leur part du gâteau, gâcher leur plan d'action, *etc.* La pression est forte pour maintenir ce secret.

Dans la relation amoureuse, l'emprisonneur ne veut pas que l'histoire de cœur soit révélée «trop tôt». Des jaloux pourraient alors tenter de nuire à cette romance et des gens pourraient se montrer méprisants parce qu'ils ne comprendraient pas. Évidemment, tout cela ne représente que des prétextes pour isoler l'emprisonné.

PRINCIPE 20

Vous ressemblez aux cinq personnes que vous côtoyez le plus. S'agit-il de gens en santé et en forme, heureux en amour et dans la famille, cultivés, ayant de l'ambition, du succès et un bon réseau? Entourez-vous de gens de confiance. Vous attirerez moins les requins. Le prédateur ne s'attaque pas à une meute, il cherche davantage la proie isolée.

Avantage concurrentiel

Je me souviens d'un consultant, que nous appellerons Marcel, qui vendait à des entreprises et à des organisations un diagnostic organisationnel réalisé grâce aux données entrées dans un logiciel maison dont il vantait l'efficacité.

Lors de ses « pitchs de vente », il utilisait le jargon du développement organisationnel avec moult erreurs, mais peu de gens connaissaient la réelle signification des termes « Projet Lean », « Kaisen » et « Benchmarking ». Aussi, il lui était relativement aisé de berner les participants à ses présentations. Personne ne connaissait sa « méthode révolutionnaire », nul ne semblait en avoir entendu parler.

Questionné à ce sujet, Marcel a affirmé que les résultats de son logiciel représentaient un tel avantage concurrentiel que ses clients gardaient le secret jalousement! Le fameux logiciel aurait été inventé par l'associé du consultant dont le nom n'apparaissait nulle part au Registre des entreprises du Québec. Or, ce soi-disant génie qui aurait conçu ce programme incroyable était incapable d'ouvrir un fureteur de recherche sous prétexte qu'il n'avait pas ses lunettes.

Mal lui en prit, car c'est devant un vrai informaticien qu'il faisait sa présentation. Nullement impressionné et alerté par les incohérences du discours, cet informaticien a rapidement informé les instances compétentes. Malgré toutes les aberrations, plusieurs entreprises s'étaient fait avoir et se sont retrouvées avec un rapport inutilisable, truffé de phrases fourre-tout. Un gâchis!

3. *Le privilège*

Vous êtes l'heureux élu à qui on donne enfin sa chance. C'est votre moment de gloire. Vous méritez tellement mieux. L'emprisonneur vient ainsi toucher un point sensible, ce sentiment que votre vie ne correspond pas à vos rêves et que vous pourriez avoir plus. Il met l'accent sur le fait que vous avez été sélectionné, choisi parmi la masse, que vous vous êtes distingué, que vous êtes spécial et que vous avez travaillé si fort qu'il est temps que la vie vous le rende.

Le discours peut sembler douteux s'il n'a pas encore été fredonné à notre oreille, mais quand nous vivons une mauvaise passe, quand les revenus ne sont pas au rendez-vous, quand l'amour s'est éteint, quand le sens de la vie paraît incompréhensible, quand les tuiles nous tombent sur la tête, la tentation est forte de plonger dans le mirage présenté. L'envie d'y croire persiste justement parce que c'est l'espoir de jours meilleurs qui nous empêche de craquer. Et ce mirage, il est convaincant pour celui qui l'a sous les yeux et qui a soif de mieux. Il est présenté avec moult arguments bien ciblés.

L'emprisonneur vous donne l'impression que vous êtes différent, que vous êtes un guerrier de lumière, pour reprendre l'expression de Paulo Coelho, ou que vous êtes un entrepreneur dans l'âme qui n'a pas eu la chance d'exploiter son potentiel, *etc.* L'emprisonneur mise donc sur votre perception d'unicité et, bien sûr, lui comprend cette dissemblance. Vous vous sentez alors enfin compris et d'autant plus privilégié d'avoir rencontré quelqu'un qui peut saisir votre essence propre.

Et il est fort sur les compliments hauts en couleur et sur les étiquettes[12]: «Les autres ne sont pas à la hauteur, ils ne vous vont pas

12. Marie-Madeleine Sève, «Manipulation: six techniques insidieuses à déjouer», Magazine *L'Entreprise*, juillet 2012. http://lentreprise.lexpress.fr/rh-management/efficacite-personnelle/manipulation-six-techniques-insidieuses-a-dejouer_1524001.html. Consulté en décembre 2014.

à la cheville», «C'est une tâche ingrate, vous méritez mieux que cela», «Vous valez tellement mieux qu'eux», «Perfectionniste comme vous êtes», «Vous faites un travail remarquable.»

PRINCIPE 21

Il y aura des gens qui pourront faire une belle différence dans votre vie, mais ceux-ci ne vous demanderont rien en échange. Ils ne veulent pas votre argent, votre temps, votre intimité ou votre statut. Ils veulent seulement être là pour vous. La différence est justement dans le don de soi sans rien demander en retour et sans vous faire sentir redevable.

4. *La culpabilité et la honte*

Un planificateur financier m'a dit un jour qu'au Québec, quand quelqu'un se fait avoir, il a honte et c'est pourquoi il n'en parle pas. Et c'est tout à fait juste! En affaires comme en amour, lorsqu'on réalise que l'on s'est fait rouler dans la farine, on ose moins le crier sur les toits ou même en parler à un professionnel. Évidemment, si vous vivez cette situation, avec du recul vous réaliserez que vous auriez dû voir l'arnaque. L'emprisonneur sait fort bien jouer avec ce sentiment de honte. Bien souvent, quand l'emprisonné ouvre les yeux, l'emprisonneur devient alors indisponible. Il disparaît dans la nature. Il n'y a plus moyen de le rejoindre, ce qui ne fera qu'accentuer la panique de l'emprisonné. Mais en plus de la honte, l'emprisonneur peut utiliser la culpabilité. Il se fera alors un plaisir de vous rappeler ce qu'il a fait pour vous afin de justifier que vous lui devez un service. Il vous fera sentir redevable parce que c'est utile pour lui. Il pourrait aussi vous rappeler une erreur commise antérieurement (d'ailleurs, peut-être s'est-il arrangé pour que vous tombiez dans un piège) afin de vous pousser à suivre ses conseils cette fois. Il fera naître le sentiment que vous n'aviez pas «compris» la dernière fois. Il considère qu'il sait ce qui est mieux pour vous et qu'il le sait même mieux que vous!

Dans une relation amoureuse sous emprise, l'emprisonneur transfère beaucoup de torts sur vos épaules ou sur une cause extérieure à lui-même, telle que le stress occasionné par son travail. Ce n'est pas sa faute s'il pique des colères, selon lui, et à ses yeux, vous devriez comprendre! Il utilise alors la notion de culpabilité. Comme vous ne souhaitez pas faire de peine, créer un stress supplémentaire ou générer d'autres crises de colère, de jalousie et de larmes, alors vous allez compenser, vous adapter, vous ajuster, faire des efforts et des compromis. Dès lors, vous jouez le jeu dicté par l'emprisonneur: vous modifiez votre façon d'être et vous adoptez un comportement qui correspond mieux, pensez-vous sur le moment, aux attentes de l'emprisonneur.

L'emprisonneur est un expert dans l'art de faire porter le chapeau aux autres. S'il est de mauvaise humeur, c'est à cause de l'incompétente conseillère de la banque qui lui a refusé son prêt, de son patron idiot qui lui fait une mauvaise évaluation de rendement, de l'abruti de flic qui lui a donné une contravention au lieu de s'occuper des vrais criminels. Bref, ce sont les autres qui lui pourrissent la vie. Le problème, c'est les autres. Résultat? Vous n'oserez pas aborder ce qui vous dérange pour ne pas en rajouter une couche: le sujet de vos doutes, de vos inquiétudes, de vos questionnements. Et avec raison! L'emprisonneur vous a cloué le bec avant même que vous ayez initié la conversation! Et il sait comment jouer avec les émotions. Juste au moment où vous avez enfin trouvé le courage de vous affirmer et de faire part de votre insatisfaction, l'emprisonneur devient mielleux et vous complimente. C'est difficile de faire un reproche à quelqu'un qui se montre si gentil et attentionné. Vous vous sentirez coupable de vouloir lui faire des reproches alors que la soirée s'annonce agréable. Vous vous direz alors qu'il vaut mieux remettre à plus tard cette discussion pourtant nécessaire et simplement profiter du moment présent. Puis, finalement, vous allez vous-même trouver des justifications expliquant les comportements désagréables passés de votre amoureux et vous risquez fort de ne pas en parler du tout. La lune de miel ne durera qu'un instant.

PRINCIPE 22

On peut dire n'importe quoi à n'importe qui, mais pas n'importe quand et pas n'importe comment. Dans notre esprit, il n'y a jamais de réels bons moments pour entamer une discussion dont le sujet est difficile. Créez donc le contexte qui convient au mieux. Créez l'opportunité et affirmez-vous.

5. L'intangibilité

Dans une relation sous emprise, le projet tant vanté n'a rien de palpable. Ce ne sont que des mots, des documents, des rapports, des discussions, parfois même du papier à en-tête mais, outre cela, il n'y a rien de réellement concret. C'est du vent. L'emprisonneur dit se baser sur des faits, mais vous ne pouvez les vérifier. Si vous voulez retrouver votre investissement, vous ne pourrez rien saisir. Et, de plus, il vous a fait investir dans un domaine qui n'est pas le vôtre, pour lequel vous n'êtes pas formé et dont vous ne connaissez pas les rudiments afin que vous ne puissiez pas voir le piège ou le contredire dans ses affirmations. Comme vous êtes « ignorant et incompétent » dans ce milieu, vous représentez une proie intéressante.

Dans la relation amoureuse, c'est le profil de l'emprisonneur qui est intangible : ce qu'il fait de ses temps libres, son réseau, sa famille. Ses amis sont en fait les vôtres. Ce qu'il écrit sur Facebook n'est que pure invention. Vous ne rencontrerez que peu de gens liés à son passé.

PRINCIPE 23

Soyez curieux, cultivez votre esprit, lisez beaucoup, exercez votre mémoire, apprenez encore et encore. Il est toujours plus difficile de se jouer d'un esprit bien rempli. Quand les bases de connaissances sont insuffisantes, l'intelligence manque d'éléments pour s'épanouir et raisonner de façon logique.

6. *L'absence de financement conventionnel*

Pourquoi est-ce à vous et non à une institution financière que le responsable de projet demande un investissement? Tout simplement parce qu'il n'est pas suffisamment solvable pour une banque ou une caisse! Et vous, avez-vous les moyens d'une institution financière pour saisir un immeuble, un bien, des avoirs si jamais les résultats escomptés sont loin de la réalité? Parce que si votre garantie c'est sa bonne foi, vous êtes mal barré! Il arrive que ces institutions se trompent, mais il est très rare qu'elles perdent leur argent! Leur spécialité, c'est justement d'en faire et de dénicher les potentiels solides.

PRINCIPE 24

Soyez à la fois logique, rationnel et émotif. Les meilleures décisions sont celles prises avec la tête et le cœur. Énumérez les faits, les perceptions, les besoins, les envies, les intentions, les impacts, les conséquences, bref tout le pour et le contre réel, anticipé, potentiel, y compris vos motivations intrinsèques. Plus vous serez franc avec vous-même et plus vous prendrez une décision éclairée.

7. *Le feeling*

Si vous y pensez bien, vous avez déjà vu un emprisonneur à l'œuvre et vous avez eu ce pressentiment, cette mauvaise impression que vous n'avez peut-être pas écoutée. La petite voix qui vous disait que c'était louche, c'était possiblement votre inconscient qui a enregistré certaines informations, qui a vu le piège et qui tentait de vous mettre en garde. Il y a une différence entre le saboteur – cette voix pessimiste qui vous fait rater les vraies opportunités et qui vous fait douter de vous – et votre instinct qui vous prévient quand le danger est proche. Cette différence réside dans le sentiment qui vous habite. Le saboteur vous torture l'esprit, vous dénigre, vous rabaisse. L'instinct vous fait voir les failles dans le discours de l'autre sans vous tourmenter. Il vous avertit de lâcher prise.

Principe 25

Une grande partie de l'activité cérébrale dans votre tête a lieu dans votre inconscient. Ce dernier enregistre une foule d'informations dont votre conscience ne se souvient pas, mais qui influencent tout de même vos réactions, vos impressions, vos feelings à votre insu. Soyez à l'écoute de ces messages intrinsèques. Ils peuvent vous révéler beaucoup de choses.

L'EXPRESS

Le saviez-vous ?

Pervers narcissique

Les pervers narcissiques fascinent, hypnotisent. Ils font en sorte que vous vous confiez à eux afin de mieux s'approprier votre histoire. C'est le prince charmant ou la femme fragile qui demandent à être secourus. Il serait judicieux de se méfier, mais l'espoir d'avoir trouvé l'amour fusionnel pousse à agir jusqu'à en perdre son identité. Il y a une différence entre la manipulation simple, présente en chacun de nous, et la prise de pouvoir, c'est-à-dire la dépersonnalisation d'autrui. Il n'est pas question d'un manque d'empathie, mais bien du plaisir de dominer, de la satisfaction tirée de la violence psychologique, de la jouissance à asservir. Au début, la relation est valorisante et la victime balance entre la fascination et la sidération. Les défenses tombent, la soumission apparaît, l'emprise commence. Il est difficile de tenir le pervers à distance. Se reconstruire après demande de se dégager du sentiment de culpabilité et ne pas tomber dans le piège de l'idée que cela s'est fait à deux. C'est un état de stress post-traumatique : vous n'y êtes pour rien, l'autre a progressivement « grignoté » votre cerveau. C'est pourquoi il importe de déconditionner les victimes de leurs réactions émotionnelles. Car ainsi, même si le souvenir persiste et qu'il demeure douloureux, il n'est plus actif : vous sortez de la peur, de la honte. Mais cela prend du temps, des mois, parfois des années.

Source : L'Express, mars 2013

危機管理

GESTION DE CRISE : SE DÉFENDRE

Tout corps traîne son ombre
et tout esprit, son doute.
– Victor Hugo

Ça y est, vous êtes dedans jusqu'au cou. Vous êtes en plein cœur d'une relation sous emprise. Vous vous sentez coincé, étouffé, envahi. Vous avez l'impression que vous ne parvenez plus à réfléchir, que votre cerveau est dans le brouillard, que rien ne va plus. Vous êtes pris au piège et il n'y a pas de porte de sortie autour de vous. Que faire?

Tout d'abord, respirez! Ce n'est pas une blague ou une métaphore quelconque. En effet, la respiration permet de ramener un peu d'équilibre dans vos pensées et dans votre corps, de calmer le tourbillon. Et, en ce moment, vous en avez grandement besoin pour y voir plus clair. Je sais, vous allez dire que ça ne réglera pas votre problème, mais faites-le quand même parce que vous en avez besoin plus que vous ne le croyez. Oui, nous entrerons dans le vif du sujet ensuite, mais d'abord il faut agir en vous. Pourquoi? Parce que depuis plusieurs semaines, voire des mois, vous êtes sous l'emprise de quelqu'un. Cette emprise a drainé votre énergie et a causé un énorme stress à votre organisme. Ce stress a eu des effets néfastes sur votre sommeil, votre digestion, votre relaxation musculaire, votre respiration, votre système immunitaire, votre concentration, votre niveau de dynamisme, *etc.* En d'autres termes, vous êtes émotionnellement envahi. La preuve? Regardez-vous! Vos réactions sont plus vives et brusques. Vous avez moins de patience avec vos proches. Vous éprouvez de la colère et une fatigue importante. Vous êtes dépassé. Le problème n'est pas seulement extérieur à vous. Il est désormais en vous et il est important de vous en occuper. Alors, oui, la qualité de votre respiration prend, dans ce contexte, une importance indéniable.

Vous l'avez déjà entendu, mais c'est le temps de se le rappeler: nous ne pouvons changer les autres. Nous n'avons de réelle influence que sur nous-mêmes et sur notre propre attitude, nos faits et gestes. Rien n'est parfait, mais un équilibre est possible dans la mesure où chacun prend conscience de ce qui revient vraiment à l'autre et de ce qui lui appartient à lui-même. Aussi, le présent chapitre porte davantage sur les stratégies, les actions et le rôle que vous pouvez jouer dans l'amélioration et le maintien de votre équilibre. Mais ce rôle, ces stratégies, ces moyens de défense, pour les faire vôtres, encore faut-il que vous soyez en état de les appliquer. Et, en ce moment, l'emprise dont vous êtes victime a une telle influence que votre perception de la réalité est affectée. Et vous n'en réalisez pas totalement l'ampleur. La preuve? Votre esprit est en train de vous dire que ce n'est pas si pire que ça... mais c'est si pire, justement!

Une respiration longue et profonde permet au système parasympathique de votre corps de dominer et bloquer les effets anxiogènes du système sympathique[13]. En d'autres termes, elle permet de relâcher la tension un peu plus à chaque expiration. Donc, respirez lentement en gonflant votre abdomen, puis votre cage thoracique, puis votre poitrine, de bas en haut, comme si une vague déferlait en vous. Retenez l'air cinq secondes puis expirez très longuement. Attendez cinq secondes et inspirez de nouveau.

---

13. www.psychologies.com/Bien-etre/Sante/David-Servan-Schreiber/Articles-et-Dossiers/Respiration-abdominale-le-souffle-sacre. Consulté en octobre 2014.

Reprenez l'exercice durant une dizaine de minutes en vous concentrant à bien remplir vos poumons.

Des pensées viendront vous distraire, laissez-les partir. Revenez à votre respiration. Vous pouvez aussi effectuer ce rituel respiratoire en fixant des yeux la flamme d'une chandelle. À chaque expiration, visualisez que tout le négatif qui s'est accumulé en vous ces derniers mois s'échappe avec votre souffle, vous libérant ainsi de sa toxicité. Imaginez qu'à chaque inspiration, vous absorbez de l'énergie purificatrice, une lumière blanche à la fois douce et vive qui se répand dans l'ensemble de votre corps, détendant vos muscles, rééquilibrant le niveau d'acidité, consolidant vos défenses immunitaires. Au bout de dix minutes, reprenez la lecture.

Voilà, nous y sommes. Tout d'abord, gardez en tête qu'il y a toujours plusieurs solutions. La difficulté réside dans le fait que vous êtes rendu tellement près de l'arbre que vous ne voyez plus la forêt. Vous ne percevez que l'écorce qui gratte votre nez. Il faut reculer d'un pas pour voir où vous êtes en ce moment. C'est nécessaire. C'est toujours le premier pas qui est le plus difficile à faire, mais il est réalisable. D'ailleurs, Guy Bourgeois expliquait, lors d'une conférence, que si vous n'agissez pas au moment de l'inspiration, il y a peu de chances que vous vous mettiez en action plus tard. La procrastination vous nuit bien plus que vous ne l'imaginez. Elle éteint votre volonté.

PRINCIPE 26

Un éléphant se mange une bouchée à la fois. Lentement, mais sûrement, vous pouvez changer les éléments de votre vie qui ne vous conviennent pas. Tout n'est qu'une question de temps et de détermination. Mais personne ne peut le faire à votre place et ça ne se fera pas tout seul.

1. La prise de conscience : 3 jours, 3 semaines, 3 mois, 3 ans

La première étape consiste à prendre conscience d'un élément important : le caractère envahissant, intrusif et obsessif de la dynamique qui s'est instaurée. Lorsque l'emprisonneur a bien établi son emprise, l'emprisonné doute davantage de lui-même. Évidemment, ce type de relation se développe à deux. Elle ne se met pas en place toute seule. Il doit y avoir une conjugaison de deux personnalités désormais imbriquées dans une dynamique malsaine.

Sans le savoir, vous avez ouvert des portes, exposé une faille et l'emprisonneur a saisi ce qui est, pour lui, une opportunité. Il faut donc refermer ces portes, mais aussi vous assurer qu'elles ne s'ouvrent plus et qu'il n'y aura pas d'autres ouvertures tentantes. Et avant que vous vous posiez la question, non, vous n'êtes ni faible ni idiot. Vous avez seulement certains comportements et attitudes qui ont attiré un emprisonneur et vous n'avez pas su détecter ce prédateur. Vous êtes coresponsable. Ce n'est pas entièrement votre faute et ce n'est pas non plus uniquement la faute de l'autre. Il emprisonne parce que ça fait partie de sa dynamique à lui, de sa souffrance à lui.

À partir de maintenant il va falloir apprendre à mettre des limites, à vous protéger, à vous affirmer davantage et à vous respecter encore plus. Je le répète, vous êtes la personne la plus importante pour vous, alors traitez-vous avec la plus grande considération.

Sortir d'une relation sous emprise, c'est comme mettre fin à une dépendance : c'est un combat non seulement contre un élément extérieur néfaste, mais aussi contre soi-même, car vous devez faire face à beaucoup d'émotions fortes, négatives et contradictoires telles que le doute, la honte, la colère, l'incompréhension, la tentation, la solitude, pour ne nommer que celles-là. En effet, même si vous savez que la relation est toxique, même si vous sentez au plus profond de vous que cette histoire n'a pas de bon sens, il y a toujours cette petite voix qui vous dit que c'est vous le problème, sinon vous n'auriez pas été aussi naïf pour vous faire prendre dans une histoire aussi tordue! Et il y a cette autre voix qui dit que vous êtes mieux avec cette personne toxique que tout seul. Et il y a encore cette voix qui vous souffle que ce n'est pas si pire que ça. Et il y a cette voix encore qui dit que vous ne trouverez pas mieux, alors autant vous contenter de ça.

Ce dédale émotif entraîne des «rush» durant lesquels il est difficile de ne pas flancher, de ne pas retomber dans la relation sous emprise connue plutôt que d'aller vers l'inconnu. C'est normal. Soyez indulgent envers vous-même. Dans ces périodes de pics, il faut y aller cinq minutes à la fois. C'est comme arrêter de fumer, ça peut bien aller pendant une heure et puis, *bang!* l'envie revient soudainement. Il se peut qu'il y ait une rechute. Si c'est le cas, prenez-en conscience, puis reprenez le processus de libération.

Les *trois premiers jours* seront franchement infernaux. Vous aurez l'impression que vous n'y arriverez pas, que le vide est trop important, ou bien vous serez à vif, à fleur de peau et vous serez plus susceptible de vous emporter pour des peccadilles. L'emprisonneur a pris une telle place dans votre vie que, sans lui, la solitude est insécurisante ou agressante. Vous allez tourner en rond, avoir l'impression d'avoir gagné une bataille et, quelques minutes plus tard, vous sentir tellement perdu, désemparé, triste, anxieux. C'est normal. Durant cette période, assurez-vous de dormir suffisamment, de manger sainement et de prendre l'air. Allez faire une marche en forêt, faites de l'exercice, bougez, bref, assurez-vous de sécréter de l'endorphine afin de ressentir un effet de bien-être. Vous ne voudrez pas le faire au début, c'est pourquoi j'insiste: défoulez-vous au gym, allez jogger, faites une randonnée en vélo, n'importe quoi, mais entraînez-vous afin de commencer à libérer votre esprit.

Les *trois premières semaines* seront invivables, mais elles sont cruciales à la réussite de votre libération. Vous allez traverser des montagnes russes d'émotions. Rappelez-vous que c'est vous qui êtes émotif et que ça va passer, soyez indulgent. Il faut donner du temps au temps. À chaque fois que vous aurez envie d'appeler l'emprisonneur ou d'aller le voir, car l'irrésistible désir de renouer se manifestera, mettez en place un rituel de gestion de crise. Je me souviens d'un ami qui, quand il était sur le point de flancher et de rappeler son ex-conjointe, se mettait à faire des pompes. Jacques allumait un bâton d'encens de sauge et écoutait un livre audio de développement personnel. François s'entraînait dans son garage. Suzanne réparait son patio ou travaillait sur son terrain. Personnellement, j'allais prendre une marche, je sarclais mon jardin ou je faisais de l'elliptique. Faites quelque chose qui vous fait du bien et vous permet de calmer le «rush». Il ne durera pas; il suffit de passer à travers. Eh oui, c'est plus facile à dire qu'à faire, mais faites-le quand même!

Les *trois premiers mois* seront pénibles. C'est normal et soyez conscient de cette durée quand vous serez dans un pic, parce que cela vous rappellera que cet instant merdique ne durera pas. Rien ne dure éternellement, le négatif comme le positif. Ce qui signifie donc que ça va passer, et plus vous agirez de façon cohérente et constante, plus ça va passer rapidement. C'est une question de temps et d'attitude. Après trois jours, ça fera un peu moins mal, après trois semaines, vous respirerez à nouveau, après trois mois, vous vous relèverez. Ayez confiance et agissez en conséquence. Gardez espoir. Même après plusieurs semaines, il y aura des montagnes russes émotives, des hauts et des bas. C'est normal. L'objectif est de faire en sorte que les bas soient de moins en moins creux, que les hauts durent plus longtemps tout en étant moins enflammés.

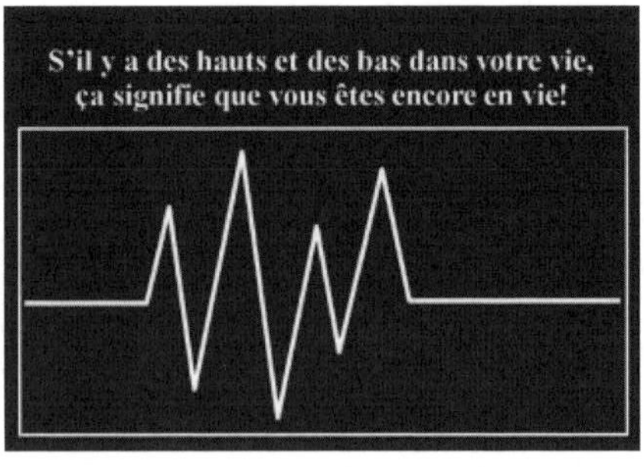

Comme le disait si justement le conférencier-motivateur, Jean-Marc Chaput: votre vie est faite de hauts et de bas et ne sera jamais totalement uniforme et rectiligne. Et c'est mieux ainsi. Sur un électroencéphalogramme, il est préférable que ce ne soit pas une ligne droite, sinon, vous seriez mort !

Enfin, *au bout de trois ans*, oui, oui, vous avez bien lu, vous observerez un certain détachement, une acceptation de la situation et un lâcher-prise salutaire. C'est long mais c'est réaliste. Soyez donc indulgent envers vous-même tout au long du processus.

PRINCIPE 27

L'emprisonneur a mis des semaines, voire des mois, pour entrer dans votre tête. Il ne sortira pas en quelques jours puisque, désormais, c'est vous-même qui l'alimentez en vous répétant ses propos ou en imaginant ce qu'il vous répondrait.

2. La gestion des pensées

Dans la relation amoureuse, il y a beaucoup de questionnements: Est-ce que je fais une erreur? Est-ce que j'autosabote la relation parce que je ne crois pas la mériter? Est-ce que je ne suis pas capable de reconnaître mon âme sœur? Est-ce simplement parce que je ne lui ai pas laissé suffisamment de temps pour se libérer afin d'être avec moi? Suis-je trop exigeant? Peut-être que je ne comprends rien aux femmes (ou aux hommes) et que c'est dans ma tête que ça ne va pas… Peut-être que je ne suis pas fait pour l'amour…

Dans la relation professionnelle, des questionnements tout aussi torturants accaparent l'esprit: Est-ce que je suis en train de rater la chance de ma vie? Est-ce que c'est moi qui ne comprends pas les règles? Est-ce que c'est moi qui ne parviens pas à me conformer aux valeurs de l'entreprise et à entrer dans le moule qui semble pourtant convenir aux autres? Est-ce qu'il n'y a que moi qui se pose ces questions?

Stop! Accueillez ces doutes, mais ne vous perdez pas à l'intérieur d'eux. Qu'est-ce que je veux dire par là? Je veux dire d'arrêter de vous taper sur la tête. Ça ne sert à rien, ce n'est pas constructif et ça gaspille votre énergie. Regardez les pensées qui vous traversent l'esprit comme si elles étaient extérieures à vous, mais ne vous accrochez pas à elles. Laissez-les aller. C'est ce que l'on appelle le lâcher-prise. Vous fâcher contre vous-même quand elles apparaissent ne fait que leur donner plus d'ampleur. Acceptez qu'elles se manifestent, reconnaissez qu'elles existent et rappelez-vous de les expulser de votre tête. À chaque expiration, visualisez ces pensées toxiques sous la forme d'un nuage de couleur qui s'éloigne de vous avec votre souffle. Voyez-vous les jeter à la poubelle ou les brûler dans le foyer. Lorsque vous inspirez, imaginez que vous introduisez dans votre corps un élément purificateur qui vous débarrasse de ces nuisibles scénarios et vous nettoie à l'intérieur.

Cette visualisation peut sembler anodine si vous n'êtes pas familier avec ce type de méditation, mais elle permet de vous donner le sentiment de faire quelque chose et elle programme votre esprit à se débarrasser des pensées envahissantes au lieu de vous y accrocher.

Dans les moments les plus difficiles, prenez un journal intime ou une feuille de papier et faites l'exercice suivant: écrivez cinquante phrases indiquant comment vous vous sentez. Oui, cinquante. Pas quinze, pas trente-cinq, mais bien cinquante. Notez tout ce qui vous passe par la tête. Vous risquez de bloquer une première fois vers la dix-neuvième affirmation et une autre fois vers la trente-neuvième, mais il est important de vous rendre jusqu'à cinquante affirmations. Il se peut que l'une de vos phrases soit: «Je ne sais plus quoi écrire et ça m'enrage!» Et c'est tout à fait correct! Écrivez! Défoulez-vous! Inscrivez tout ce qui monte en vous. Quand ce sera fait, attendez une heure puis notez dix affirmations supplémentaires décrivant comment vous vous sentez désormais. Le but de cet exercice est de sortir le trop-plein de votre tête. Quand vous irez mieux, alors nous pourrons passer à l'exercice suivant.

Vous pouvez choisir d'apprendre de cette situation, de vous relever encore plus fort, mais il ne sert à rien de vous dire que c'est votre faute. La vie est une conjugaison d'expériences et vous êtes sur terre pour expérimenter. Vous vivez quelque chose qui ne vous convient pas. Bon, d'accord, vous le savez maintenant, alors faites des choix différents. Mais vous faire des reproches à vous-même continuellement, c'est comme faire entrer l'emprisonneur dans votre tête. Vous le faites vivre en vous. Il n'a plus besoin d'être là. La gestion des pensées est probablement l'un des éléments les plus difficiles à mettre en place et à maintenir parce que ce que vous subissez aura sur vous les mêmes effets qu'un choc émotionnel intense; vous ne parviendrez plus à maîtriser ce qui se passe dans votre tête. Vous avez besoin d'aide. Ayez la force d'en demander.

PRINCIPE 28

Il y a des situations pour lesquelles il importe de s'armer de patience, de donner du temps au temps pour faire son temps.

3. La discrétion

Un emprisonneur, c'est un prédateur. Un prédateur n'a pas d'empathie pour sa proie. Arrêtez de croire que vous allez lui faire entendre raison, que vous allez le changer ou le ramener sur le droit chemin. Il n'en est rien. Il n'y a que lui-même qui puisse changer sa façon d'être, et encore... Selon plusieurs experts en psychologie, un pervers narcissique a des mécanismes de défense si puissants que cela limite considérablement ses capacités d'introspection et de remise en question. Il en va de même pour l'emprisonneur. Son premier réflexe est de chercher un coupable extérieur à lui justifiant son comportement.

Quand vous êtes dans une relation sous emprise, vous faites partie du jeu de l'emprisonneur. Vous ne l'avez pas choisi, mais lui l'a décidé pour vous. Arrêtez de jouer dans la même partie que lui. Un prédateur fonctionne s'il a une proie intéressante avec qui il peut s'amuser. Quand un chat attrape une souris, que fait cette dernière? Elle fait la morte. Pourquoi? Pour qu'il se désintéresse d'elle. C'est ce même conseil que l'on donne aux chasseurs s'ils croisent un ours brun: faites le mort. Cette stratégie peut être intéressante pour vous si vous ne pouvez pas rapidement sortir de l'entourage de l'emprisonneur.

Je me souviens d'une amie, que nous appellerons Madeleine, qui était victime de harcèlement psychologique très sévère au travail. Elle avait accumulé une foule de preuves écrites. C'était un cas clair comme les enquêteurs de la Commission des normes du travail aiment en avoir: documenté et contenant suffisamment d'éléments pour avoir une certitude. Mais lorsqu'elle est allée rencontrer la psychologue du programme d'aide aux employés, cette dernière lui a fait remarquer que si elle portait plainte, certes, elle allait gagner sa cause, mais que son patron, le harceleur, trouverait un moyen de la congédier en moins d'une année. La psychologue connaissait bien ce milieu puisqu'elle était intervenue auprès d'employés pour des dossiers similaires dans d'autres départements.

Eh oui, dans la vraie vie, malheureusement, ça arrive. Qu'a suggéré la psychologue? Tout simplement d'arrêter d'en faire plus que sa tâche et de se faire discrète pour ne plus attirer l'attention du patron emprisonneur. Il ne changerait pas, mais il chercherait une proie plus stimulante à ses yeux. Et c'est exactement ce qui s'est produit. Pourquoi avoir proposé cette stratégie à sa cliente? Parce que l'emprisonneur était un ami personnel du grand patron. Madeleine, en tant qu'adjointe administrative, était remplaçable à leurs yeux et n'avait pas de permanence. Donc, une fois qu'ils auraient fini de jouer avec elle, ils allaient s'en débarrasser comme ils l'avaient fait avec d'autres avant elle. En fait, Madeleine a su, plusieurs semaines plus tard, par un concours de circonstances, que son patron avait déjà identifié sa remplaçante. En effet, il avait promis le poste à une autre employée, étant convaincu qu'il avait réussi à pousser Madeleine à demander un transfert ou à partir très longuement en arrêt maladie. Comme elle a suivi les conseils de la psy, il n'a pu trouver d'angles d'attaque lui permettant de mettre son plan à exécution. Elle a donc gardé son poste tout en commençant à réfléchir à son avenir.

Évidemment, cette tactique ne peut fonctionner qu'un temps. Logiquement, votre naturel reviendra au galop et votre personnalité colorée ressurgira. Vous ne pourrez pas ne pas être vous-même longtemps sans risquer d'être encore plus affecté. L'emprisonneur pourrait se lasser de sa nouvelle proie et revenir vers vous. Il s'agit donc d'une option temporaire, en attendant de vous replacer ailleurs. C'est pour cette raison que Madeleine a évalué une proposition qui lui avait été faite une année plus tôt dans un tout autre milieu : l'enseignement.

PRINCIPE 29

Il y a toujours plusieurs solutions possibles, mais l'on s'accroche souvent à la situation actuelle parce qu'elle est connue et parce qu'on est tellement vidé que faire un changement important nous apparaît au-dessus de nos forces. Or, c'est l'emprise qui draine notre énergie. Il est crucial d'en sortir. Une fois le changement opéré, vous vous sentirez libéré. Ayez confiance en la vie et en votre capacité de résilience.

4. La colère

Un jour, une psychologue m'a dit que je devais parvenir à exprimer et à vivre ma colère, que celle-ci était saine. Pour elle, la colère permet le désengagement et le désinvestissement de la relation, le désintérêt envers l'autre. Une amie psychoéducatrice m'avait fait remarquer que j'avais tendance à rationaliser ma colère, c'est-à-dire à l'expliquer logiquement et concrètement afin de moins la ressentir. Je pouvais lui raconter très calmement des événements comme si je parlais de la pluie et du beau temps alors qu'elle-même réagissait très fortement au récit!

Or, dans une relation sous emprise, il est très difficile de laisser monter cette colère, de la reconnaître, de l'accueillir, de l'accepter. Généralement, l'emprisonné trouve lui-même des justifications au comportement de l'emprisonneur! Aussi, permettez-vous d'extérioriser l'exaspération, la frustration, la rage d'être coincé dans une histoire qui ne vous convient pas.

Mon amie psychoéducatrice m'a dit un jour que les émotions que l'on refoule nous rendent malade. Il vaut donc mieux les faire sortir. Ce qui ne veut pas dire de les vomir sur quelqu'un d'autre ni de se défouler sur un inconnu, un collègue ou un ami, mais plutôt de s'offrir à soi-même des opportunités de verbalisation: rencontrer un psychologue, demander à un ami de vous écouter, vous confier à votre journal intime.

L'un des moyens intéressants est d'écrire une lettre à la personne emprisonnante, de tout écrire ce que l'on pense, les émotions ressenties, ce que l'on découvre de soi et que l'on n'aime pas du tout, ce qui nous déçoit autant chez l'autre qu'en nous, de ce que ça fait remonter, les liens que l'on fait avec des souvenirs d'enfance ou d'autres situations. Puis, cette lettre, on la déchire en morceaux et on les brûle. Je vous suggère d'enterrer les résidus. Pour ceux qui apprécient les rituels de purification, je vous propose d'y ajouter un peu de sauge (que les Amérindiens utilisent beaucoup lors des fumigations) et de sel. Un rituel a un effet apaisant et consolidant. L'important est donc de le faire de la façon qui vous procure le plus de bienfaits.

PRINCIPE 30

La colère permet le désengagement et le désinvestissement d'une relation, mais elle peut aussi empoisonner votre existence si elle envahit vos pensées. Elle est sournoise et s'infiltre graduellement. Assurez-vous de l'évacuer et de vous ressourcer positivement.

5. La distance physique

Vous ne pouvez pas espérer sortir d'une relation sous emprise en continuant à côtoyer régulièrement l'emprisonneur. C'est humainement impossible de s'exposer et de se protéger en même temps. Faites le parallèle suivant: un toxicomane qui voit son fournisseur risque davantage de rechuter que celui qui s'éloigne du milieu. C'est comme demander à un alcoolique de ne pas boire la bouteille qui est continuellement dans son champ de vision. Ce n'est pas logique! Prenez les moyens nécessaires pour ne plus être en contact avec l'emprisonneur. Il pourrait vous dire qu'il souhaite que vous demeuriez amis. Ce n'est pas possible pour le moment. Il importe donc d'établir une distance physique minimale de trois mois. Je dis bien minimale, mais idéalement c'est beaucoup plus. Et, avec du recul, vous réaliserez peut-être que ce ne sera jamais réaliste de l'avoir dans votre entourage après ce délai. Mais, pour l'instant, tenez-vous-en à l'idée que vous avez besoin de temps pour vous reconstruire et que vous évaluerez sa demande dans trois à six mois, pas avant. D'ici là, informez la personne que vous souhaitez n'avoir aucun contact et aucune nouvelle de sa part et demandez-lui de respecter votre choix. Vous la contacterez si, et seulement si, vous souhaitez maintenir l'amitié.

Je mets des gants blancs en écrivant, car il se peut fort bien que vous ayez vous-même de la difficulté à couper les ponts. Et vous le réalisez probablement en lisant ces lignes. En effet, la relation sous emprise crée des mécanismes de dépendance (oui, vraiment!) et le vide de la solitude engendre des réactions de sevrage. C'est normal. Chaque chose en son temps. C'est une tâche colossale que de s'affirmer face à un emprisonneur, mais c'est inhumain d'essayer de maintenir les limites établies en présence de ce dernier quand l'habitude et la dynamique relationnelle sont installées depuis des années. La croyance en la transformation de la relation est illusoire. L'emprisonné ne sera vraiment libéré de l'emprise que lorsque l'emprisonneur aura identifié quelqu'un d'autre pour prendre sa place. Indiquez à votre entourage la distance que vous avez mise en place. Si la relation sous emprise est d'ordre professionnel, informez les gens concernés de votre éloignement en ne donnant qu'une explication simple, brève et respectueuse. Vous ne voulez pas de poursuite en diffamation.

Généralement, l'emprisonneur n'accepte pas cette mise à distance et se manifeste bien avant le délai de trois mois. Il voudra attirer votre attention par des messages provocateurs. Supprimez-les ou, minimalement, créez une règle de messagerie dans vos courriels qui les envoient directement dans un dossier. Les lire vous replongerait dans la dynamique malsaine. Il faut donc les oublier, les supprimer, les éviter. Je sais, la tentation de regarder ce qu'il a écrit est tenace. Mais vous vous faites du mal à chaque fois que vous ouvrez ses messages, et vous le savez. Vous n'êtes pas capable de les supprimer tout de suite? Alors archivez-les. Sortez-les de la boîte de réception minimalement pour ne pas les avoir en pleine figure continuellement. Ménagez-vous.

Il appelle? Ne répondez même pas. Effacez son numéro de téléphone de votre liste de contacts. Changez de numéro rapidement et assurez-vous que ceux qui ont votre nouveau numéro le gardent pour eux seuls. S'il vous côtoyait au bureau, organisez-vous pour ne pas être seul, pour ne pas lui donner l'opportunité de venir vous affecter. Coupez le canal de communication et d'influence. C'est primordial. Supprimez la personne de vos relations dans vos réseaux sociaux.

Il est possible que l'emprisonneur soit si insistant que le recours aux services d'un avocat devienne un moyen incontournable. La réception d'une mise en demeure en refroidit plus d'un! Et si la situation devait dégénérer, il sera important que vous puissiez démontrer que vous avez clairement fait comprendre à l'emprisonneur qu'il n'est plus autorisé à entrer en contact avec vous, à s'approcher de vous ou à répandre des propos diffamatoires à votre sujet.

PRINCIPE 31

Préservez votre espace. Rien ne vous oblige à côtoyer qui que ce soit. Parfois, il faut prendre des vacances de certaines personnes de l'entourage parce qu'à force de vouloir bien faire elles envahissent votre vie. Mettez vos limites.

Ouvrir des portes

Jacques, dont nous parlions au chapitre deux et qui a fréquenté cette femme mariée, ne voulait pas être le « salaud » de l'histoire. Bien qu'elle lui ait menti de façon éhontée en lui faisant croire qu'elle allait se séparer pour être avec lui, qu'elle était enceinte de lui et enfin qu'elle s'était fait avorter, il ne voulait pas avoir l'impression d'être le monstre qui laisse tomber une femme enceinte. Aussi, il tenait à lui remettre, par l'intermédiaire d'une amie à elle, les effets personnels qu'elle avait laissés chez lui et il a payé sa ligne cellulaire pendant plusieurs semaines encore pour « lui donner une chance ». Le hic, c'est que tous ses efforts pour faciliter la rupture ont été perçus par la dame comme des signes qu'il était toujours amoureux d'elle. Il en a résulté encore plus de tentatives pour le convaincre de reprendre leur relation. Lorsqu'elle s'est pointée à son bureau, Jacques s'est senti obligé d'écouter ses doléances. Il a encaissé les reproches, les déclarations d'amour, les cris et les larmes. En d'autres termes, il entrait dans son jeu et ouvrait des portes sans même le réaliser. Elle a réussi, de cette façon, à l'atteindre, à le faire douter de sa décision, à le faire se sentir mal. Il s'est alors demandé si, peut-être, son comportement lui indiquait à quel point, elle, elle l'aimait, que lui ne savait pas aimer, que peut-être il ne trouverait jamais personne d'autre qui l'aimerait autant. Il a confondu l'obsession avec l'amour véritable. Il a fallu lui faire voir à quel point cette histoire grugeait son énergie et le rendait nerveux pour qu'il comprenne que tout cela était malsain et n'était qu'un jeu de manipulation. Il devait couper tous les ponts pour que ça s'arrête, ne plus avoir aucun contact avec elle, ni direct ni indirect.

6. La distance émotive

Évidemment, la distance physique n'est pas suffisante. Un éloignement émotif est aussi très important. Comme je l'ai dit précédemment, votre plus grand adversaire dans ce processus de libération, ce sera vous et non pas l'emprisonneur. Dans les périodes de fatigue, de solitude et de questionnement, vous serez non seulement plus vulnérable aux tentatives de rapprochement, mais aussi aux scénarios qui vont se former dans votre tête. Et vous savez comme moi qu'ils peuvent être puissants et convaincants. Comme l'esprit ne fait pas la différence entre le réel et l'imaginaire, votre corps réagit tout autant à ce que vous pensez qu'à ce que vous vivez concrètement. Il importe donc de gérer les scénarios qui se jouent dans votre tête, car ils vous empoisonnent et vous épuisent.

La gestion des pensées est un apprentissage en soi. L'humain a de grands capacités de création et donc d'anticipation du pire, de génération de scènes catastrophes, de reformatage de perceptions, de modification de la mémoire. C'est pourquoi il est primordial d'apprendre à gérer ses pensées. Cela demande de l'entraînement, de la discipline, de la rigueur, de la vigilance et beaucoup d'accueil, de partage, de compassion et d'absence de jugements envers soi-même.

Comme vous créez vous-même cette petite voix qui vous torture et ces scénarios dramatiques, vous avez aussi le pouvoir de les arrêter. Faites l'exercice suivant: prenez votre journal intime ou une feuille de papier et écrivez le pire dénouement qui pourrait survenir. Ensuite, sur une autre page, indiquez le meilleur parmi les scénarios possibles. Lorsque vous imaginiez des scénarios catastrophes dans le passé, combien d'entre eux se sont réellement avérés? Probablement moins de 1 % de ceux-ci, tout simplement parce que votre cerveau crée bien plus de drames que le monde extérieur. Examinez alors, le plus rationnellement et logiquement du monde, les risques que le pire survienne maintenant. Il se peut que vous perdiez votre emploi, que des amis vous rejettent, mais au moins vous allez reprendre le contrôle de votre vie et vous allez avancer. Rappelez-vous cette phrase du docteur Susan Jeffers[14] aussi souvent que possible: «Peu importe ce qui va arriver, vous allez faire face.» Vous en avez déjà vu de toutes les couleurs jusqu'ici et vous êtes toujours en vie!

Que vous ne sachiez pas toujours comment réagir ou que vous ne vous sentiez pas nécessairement à la hauteur, c'est normal. Votre plus grande force réside dans votre capacité à vous voir aller vous-même et à mieux réagir aux situations. Vous ne pouvez modifier les événements, mais vous pouvez choisir votre réaction par rapport à eux avec le plus de maturité affective et professionnelle possible.

Quand l'émotivité prend le dessus, l'intelligence prend le bord. En d'autres termes, quand on est émotif, notre raisonnement se modifie et, même si l'on est complètement dans le champ, on se sent justifié d'agir ainsi et de dire ce que l'on pense. Mais, en fait, ce que l'on pense est totalement biaisé par notre émotivité... Votre pire ennemi à ce moment-là, ce n'est pas l'autre, mais vous-même. La personne à recadrer, ce n'est pas l'autre, c'est vous!

Donc, quand les scénarios démarrent dans votre tête, votre première étape est de prendre conscience que vous êtes envahi, que vos pensées sont donc biaisées et que vous créez un scénario de toutes pièces, que ce qui se passe dans votre tête est une invention de votre part. Il faut donc l'arrêter. Je me rappelle d'un épisode de *Guy Corneau en atelier*[15] où une participante décrit un scénario de jalousie qu'elle vit et, en cours de route, elle admet que cet état la fait se sentir vivante. Cette prise de conscience est importante et salutaire. Et vous, comment vous sentez-vous quand vos pensées partent en vrille?

La deuxième étape consiste à vous accueillir vous-même, à nommer ce qui est en train de se produire, à accepter que ça arrive

---

14. S. Jeffers, *Osez le grand amour*, Éditions Marabout, 2005, 286 pages.
15. G. Corneau, *Le meilleur de soi*, «Guy Corneau en atelier», coffret de trois DVD (13h), Éditions de l'Homme, Productions Point de mire, Canal Vie, 2007.

encore et, j'irais jusqu'à dire, à vous pardonner de spéculer ainsi. La troisième étape est de modifier votre schème de pensée. Dites-vous consciemment que ça suffit, que ça s'arrête ici et maintenant.

Évidemment, faire le vide ne sera pas possible à ce moment-là. Votre corps réagit encore à ce qui vient de se produire dans votre tête, il ressent la décharge d'adrénaline. Je vous suggère donc de faire quelque chose qui vous défoule. Je connais un ami qui fait des pompes dès que son esprit s'emballe. Un autre m'a confié qu'il faisait un sprint dans la rue et revenait calmement. Une copine m'a avoué qu'elle avait des rages de ménage pour calmer son imagination débordante. L'entraînement physique et l'action motrice ont un effet bienfaiteur dans ces circonstances. Les exercices de respiration sont un autre moyen efficace. Personnellement, arroser mes plantes, passer l'aspirateur dans la piscine (l'eau a des propriétés calmantes), prendre une marche en forêt, arracher des mauvaises herbes ou faire un kata[16] me suffisent pour faire le vide.

Quand je dois rester immobile en présence d'une personne aux tendances emprisonnantes, la contraction de certains groupes musculaires combinée à une bonne maîtrise de ma respiration et l'acceptation de la situation facilitent le détachement, la prise de conscience de ce qui est en train de se produire, l'accueil de mes propres émotions et, par la suite, la verbalisation de mes constats de façon constructive et harmonieuse à mes yeux.

Principe 32

Soyez à l'écoute des signaux que lance votre corps. Ils vous indiquent le niveau de stress, de fatigue et d'épuisement.

16. Chorégraphie de karaté japonais.

7. *Les garde-fous*

Identifiez autour de vous des individus en qui vous avez confiance, des gens que vous pourrez appeler même tard le soir, des personnes qui savent vous parler, vous recadrer et vous ramener sur votre voie. Demandez-leur d'être vos garde-fous, ces éléments essentiels pour ne pas prendre le champ quand on ne maîtrise pas bien le volant. Assurez-vous d'en avoir plus d'un pour éviter d'épuiser quelqu'un d'autre et augmenter les chances d'avoir une personne au bout du fil quand vous aurez peur de flancher.

De bons garde-fous, ce sont des gens d'expérience qui écoutent réellement, qui ne jugent pas et qui ont des propos qui résonnent en vous, qui vous aident à vous relever, à cheminer, à avancer. Les conseils que vous recevrez ne seront pas tous applicables et bons pour vous. Ils étaient adaptés aux situations vécues par les individus qui vous les donnent. Prenez ce qui vous convient, ce avec quoi vous êtes à l'aise, ce qui fait du sens pour vous. Oui, il est possible que vous ne choisissiez pas le bon conseil, que vous ne soyez pas prêt à faire face à certaines situations, que vous retardiez, par le fait même, votre libération. Vous brusquer vous fera échouer ultérieurement. Vous immobiliser, trop réfléchir ou essayer de tout planifier, c'est une échappatoire pour ne rien faire et demeurer dans la situation malsaine. La procrastination vous nuit. Mettez-vous en action, c'est ça le secret!

Idéalement, parmi vos garde-fous, ayez un psychologue, un psychoéducateur, un travailleur social. Une amie m'a dit un jour que la thérapie avait été le plus beau cadeau qu'elle s'était offerte à elle-même. Je suis assez d'accord avec cette affirmation. Évidemment, un psy, c'est comme un médecin, un mécanicien ou un dentiste, il faut trouver le bon «fit»: la personne avec qui vous serez à l'aise, dont les questions vous aideront à aller de l'avant et à trouver vos réponses. Ce qui veut donc dire que ça se magasine. Si vous ne connectez pas avec le premier rencontré, choisissez-en un autre. Il n'y a pas de mal à cela. Sur le site Internet de l'Ordre des psychologues du Québec, vous pouvez trouver une ressource en fonction de votre localisation, de la problématique rencontrée et de la spécialité du professionnel.

Si vous n'êtes pas l'emprisonné, mais souhaitez aider quelqu'un, recommandez-lui fortement de prendre rendez-vous avec un psychologue. En effet, malgré toute votre bonne volonté, vous n'avez pas tous les outils pour aider entièrement et complètement la personne sous emprise. Par ailleurs, vous ne pouvez pas être l'ami ET le thérapeute. Le psy va aider à identifier les mécanismes de défense, à faire les liens avec l'enfance, à extérioriser les émotions et les sensations. Il va créer un univers non seulement de confiance, mais aussi de cheminement guidé, basé sur ses connaissances, son expérience et son détachement objectif. Malheureusement, beaucoup de proies refusent de faire appel à un tel professionnel pour les aider dans leur processus de libération. C'est pourtant l'un des meilleurs garde-fous.

Ajoutons qu'il y a bien des néophytes qui se prennent pour des experts. On les appelle aussi des gérants d'estrade. C'est l'oncle critiqueur qui croit tout connaître, c'est le collègue « monsieur-je-sais-tout-mais-je-n'ai-jamais-vraiment-travaillé-sur-moi », c'est l'ami éternelle victime qui dit vous comprendre tellement, mais qui vous rabâche les oreilles avec ses histoires au lieu de vous écouter, c'est le type qui a perdu son emploi et qui s'improvise coach de vie. Croyez-moi, vous méritez mieux. Trouvez un psy, un coach (un vrai), un mentor digne de ce nom!

Principe 33

Un garde-fou ne fait pas de vous un meilleur conducteur de votre vie, mais il peut empêcher le pire quand la glace noire recouvre la route. Même les gens confiants et sereins tombent parfois sur des routes glissantes. « Les amis sont des anges silencieux qui nous remettent sur pied quand nos propres ailes ne savent plus comment voler*. »

* Citation de Victor Hugo.

8. Le recul

Se donner du temps pour répondre, voilà l'idée maîtresse. En effet, lorsqu'on se sent bousculé, on augmente le risque de prendre une décision qu'on regrette par la suite parce qu'on n'a pas eu le temps de peser le pour et le contre, d'évaluer notre propre besoin et de vérifier si la solution proposée correspond à ce qu'on recherche vraiment ou si on dit oui uniquement pour sortir de cette sensation de pression.

Pour la majorité des gens, il est difficile de dire non à la personne qui se trouve devant eux. Nous sommes aussi davantage mal à l'aise pour indiquer une limite quand il nous faut le faire face à face. C'est intimidant parce que cela implique d'envisager la réaction, la suite des choses. Aussi, une formulation du type «Je vais prendre le temps d'y penser et je vous reviens dans deux jours avec ma décision» facilite cette mise à distance. L'emprisonneur peut vous intimer de lui répondre plus rapidement, mais, généralement, vous en tenir au principe du recul est plus profitable. Et puis, rappelez-vous qu'il n'y aura pas mort d'homme si vous retardez votre réponse. Vous n'êtes pas dans une situation de chirurgie cardiaque où le temps compte. Évidemment, une fois le délai écoulé, il vous faut donner une réponse, encore là sans vous perdre dans un dédale de justifications.

Le recul permet de vous recentrer, de faire la part des choses entre votre émotion et les faits. Évidemment, si vous réfléchissez trop à chaque fois qu'une opportunité vous est offerte, vous ne ferez jamais rien. L'idée n'est pas de demeurer passif, mais bien d'évaluer judicieusement la situation et de vous mettre en action. Tout progrès, tout développement comporte des risques. Il importe de les connaître, d'évaluer comment on les assume et d'agir de façon décisive et cohérente. Personne n'est totalement prêt face à un changement et la plupart des opportunités nous poussent à sortir de notre zone de confort. On ne sait jamais vraiment dans quoi on s'embarque quand on démarre un nouveau projet ou une nouvelle relation. Le recul sert donc à cerner nos besoins, nos émotions et ce à quoi nous sommes prêts à faire face, mais pas à avoir toutes les réponses. Ça, c'est impossible.

Ainsi, dans un partenariat où un investissement est demandé, il importe de vous demander, par exemple, si vous pouvez réellement vous permettre de perdre cet argent. Car le risque existe, quel que soit le projet proposé. On investit quand on a les moyens d'investir. Sinon, c'est le stress qui va vous tuer.

PRINCIPE 34

Sortir de votre zone de confort ne veut pas dire de faire ce que vous ne voulez pas, mais plutôt de faire ce dont vous rêviez mais qui vous intimidait.

9. Les émotions

Quand vous êtes dans le pire de la tourmente, dans l'œil de la tornade et que vous voulez sortir de cet enfer, l'emprisonneur ne se laissera pas évincer aussi facilement. Il manifestera alors de vives émotions et vous en attribuera la faute. Toutes les répliques de chantage affectif y passeront: «Regarde ce que tu me fais, j'en suis malade à cause de toi. Je ne dors plus par ta faute», «Ça me fait beaucoup de peine de voir que tu doutes de moi», «Je t'ai tout donné et c'est comme ça que tu me remercies?», «Je pensais que je pouvais avoir confiance en toi, mais je vois que je me suis trompé», «Après tout ce que j'ai fait pour toi, c'est comme ça que tu me démontres ton amour?», «La loyauté, tu connais?», «Tu es en train de passer à côté de la chance de ta vie et tu ne le réalises même pas!»

Dans ces moments où les paroles de l'autre vous atteignent directement, rappelez-vous que votre émotion vous appartient et donc que l'émotion de l'autre lui appartient aussi. Vous n'êtes pas responsable de sa peine, de sa colère, de sa déception! Même si sa vie est stressante, vous n'êtes pas responsable de son état, de son stress. C'est à lui de gérer ses pensées négatives et son agressivité au lieu de vous les vomir en plein visage! Arrêtez d'encaisser! Ça n'aide personne. Et reconnaissez que votre désarroi et votre vulnérabilité vous appartiennent. Cela implique que vous pouvez, par vous-même, changer votre attitude.

Quand l'emprisonneur vous lance moult phrases sanglantes, déchirantes ou agressives, répondez simplement quelque chose comme: «Je ne suis responsable que de mes propres émotions, pas des tiennes. J'entends ton émotion et je te sens envahi. La discussion ne mène à rien en ce moment. Aussi, je mets fin à cette conversation destructive maintenant pour le bien de chacun.» Et vous partez! Tout de suite, sur-le-champ, pas dans cinq minutes et surtout pas en surveillant sa réaction, parce que si vous le regardez ou lui faites sentir que vous attendez de voir comment il prend la situation, vous lui ouvrez la porte à coup sûr.

Un dialogue empreint de colère, de chantage et de contrôle ne donne jamais rien de bon. Je me souviens d'une amie qui me disait qu'une bonne engueulade permettait de repartir à neuf. Je suis complètement en désaccord avec ce point de vue. La psychologue Pierrette Desrosiers a d'ailleurs fait une capsule[17] à ce sujet dans laquelle elle explique l'impact d'une colère sur la relation entre deux individus. Bien sûr qu'il n'est pas sain de refouler nos émotions, mais il y a une différence entre tout garder pour soi et vomir notre agressivité sur l'autre! Quand nous sommes fâchés, il est possible que nos propos dépassent notre pensée et aillent bien au-delà de ce que l'on aurait souhaité. Or, on ne peut pas effacer la mémoire de notre interlocuteur ni des témoins. La blessure ainsi causée reste à jamais, pour vous qui avez dépassé les bornes et qui avez aussi reçu des injures, des insultes et des arguments déplacés. Exprimer ce qu'on pense sur le coup de l'émotion, c'est jeter son intelligence à la poubelle et ne laisser s'exprimer que la partie ani-

---

17. www.youtube.com/watch?v=sJkJ7UIvQi8.

male de son être. Vous êtes plus que cela, alors ne vous abaissez pas vous-même.

Si vous devez intervenir auprès de quelqu'un qui est coincé dans une relation sous emprise, votre premier mandat sera de l'accueillir et, ensuite, de favoriser une prise de conscience. Ce qui peut prendre du temps, et souvent la personne va défendre les agissements de l'emprisonneur. C'est normal. Le chemin sera long et cahoteux pour y voir plus clair et avancer. C'est pourquoi il importe de recevoir l'autre avec compassion et sollicitude.

Par ailleurs, rappelez-vous bien que vous ne voyez la situation qu'à travers votre regard extérieur, vos lunettes à vous. Il vous en manque de grands bouts. Des chapitres entiers de cette histoire vous sont inconnus. L'emprisonneur et l'emprisonné ne voient pas les choses de la même manière. Et les gens qui côtoient l'un et l'autre ont une perception tout aussi différente. Alors, qui êtes-vous pour juger que la relation est toxique? Aussi aimable et conscient que vous soyez, la seule personne qui peut vraiment définir la nature de la relation, c'est celle qui la vit. C'est important de garder ce point en tête. Ce n'est pas un reproche, mais un simple constat. Vous évaluez la situation avec vos yeux. Or, c'est l'emprisonné qui a besoin d'aide. Cela implique qu'il vous faut tenter de voir sa réalité à lui et non la vôtre afin que votre intervention soit efficace.

Donner des conseils, c'est facile, mais trouver les mots qui résonnent réellement dans le cœur, la tête, les tripes de l'autre, c'est un art. Un proverbe africain dit que vous ne pouvez juger de la vie d'un homme si vous n'avez pas marché un mille dans ses souliers. Si vous n'avez jamais vécu une relation sous emprise, il vous sera plus difficile de trouver l'angle qui rejoindra l'emprisonné. Vos propos risquent d'être condescendants, empreints de jugements et maladroits. Vous n'êtes peut-être pas la meilleure personne pour l'aider. Si tel est le cas, ayez l'humilité de le reconnaître.

Si, au contraire, vous avez déjà vécu une relation amoureuse qui ne vous convenait pas et dont il vous a été particulièrement difficile de sortir, si vous avez embarqué dans un projet qui n'a jamais apporté quoi que ce soit de positif, si vous avez donné tout ce que vous pouviez pour votre patron qui s'est approprié tout le crédit, alors remémorez-vous les paroles des autres qui ne vous ont pas été utiles à l'époque, les commentaires dénigrants et les conseils idiots afin de ne pas répéter ces mêmes erreurs.

Replongez-vous dans vos sentiments négatifs, dans votre difficulté à vous mettre en action, ayez de la compassion envers vous-même. Et, enfin, dites-vous que la situation de l'emprisonné est différente, unique en soi et ne sera pas réglée de la même façon que la vôtre. Il faut trouver la voie qui convient à l'autre. Cela implique de ne pas ramener la discussion vers vous. C'est souvent le plus difficile.

En effet, si vous avez des enfants, souvenez-vous des commentaires de l'entourage durant la grossesse. Bien des femmes venaient raconter l'histoire d'horreur de leur accouchement pénible. Elles ne le faisaient pas pour réconforter la future mère. Elles le faisaient pour elles. En voulant partager et échanger, elles se prenaient elles-mêmes au jeu de leur vécu, se replongeaient dans leurs souvenirs et les revivaient avec beaucoup d'intensité. Ne tombez pas dans ce piège en voulant aider l'emprisonné, sinon c'est vous qui allez drainer son énergie et il ne voudra pas venir vous voir lorsque la situation va dégénérer.

Intervenir auprès de quelqu'un qui vit une relation sous emprise demande de faire la distinction entre ses propres réactions et les besoins de l'autre. Cela implique d'être pleinement conscient de ses propres mécanismes de défense, de ce qu'on ne s'est pas pardonné à soi-même et qu'on risque de reprocher à l'autre. Pourquoi? Parce que c'est torturant, enrageant et décourageant de voir quelqu'un être pris au piège et, malgré tout le rationnel énoncé, rechuter, faire d'autres erreurs, douter, être attiré vers l'emprisonneur, avoir toutes les difficultés du monde à lui résister.

Alors, inévitablement, vous réagirez, surtout quand vous serez fatigué, et vous risquez alors de vous emporter. Il est donc important d'être conscient de vos «bibittes» pour ne pas les projeter sur l'autre.

Et souvenez-vous de ce principe de base: ce que vous remarquez chez l'autre, c'est ce qui est en vous. On ne voit chez autrui que les défauts que l'on a soi-même. C'est ce que les psychologues appellent la projection. Je vous invite d'ailleurs à visionner la capsule du psychanalyste Guy Corneau[18] à ce sujet. Elle est fort intéressante et permet de relativiser les résistances que nous avons tous lorsqu'on doit regarder nos propres mécanismes de défense. Cette capacité que nous avons de reconnaître l'obscurité de l'autre parce qu'elle fait partie de nous est un atout précieux. Elle nous permet de rester humbles, de nous ramener les pieds sur terre, de nous rappeler d'où nous venons afin de nous empêcher de porter un jugement sur autrui, car ce jugement n'est pas aidant. Il est écrasant.

Et quand on a déjà vécu une relation sous emprise, on peut, à tout moment lors de l'intervention auprès de l'emprisonné, se redire qu'il faut du temps avant que l'emprisonné réussisse à se sortir des griffes de l'emprisonneur. Le mot «emprise» n'a pas été choisi pour rien.

PRINCIPE 35

Acceptez que vous n'êtes pas responsable de l'émotion de l'autre. Vous pouvez créer un contexte émotif, mais l'autre choisit comment y réagir. Ne vous octroyez pas le pouvoir de décider pour lui.

18. www.repere.tv/?p=5411.

10. Les différents angles

Lorsque je rencontre un emprisonné pour la première fois, mon objectif premier est d'écouter, de lui offrir l'opportunité de tout déballer sans crainte d'être jugé. Les choses vont déjà assez mal ainsi, il n'a pas besoin de commentaires hautains ou de phrases qui tuent, du genre «T'es vraiment naïf», «Je te l'avais dit», «En tout cas, moi, je ne serais pas tombé dans le piège.» Ce n'est vraiment pas le moment et ce ne le sera jamais. C'est facile, quand on est dans le phare, de voir le chemin que la personne devrait prendre, mais celle-ci est dans le brouillard et tout est confus autour d'elle. La faire parler lui permet donc de faire le point, de reclasser ses idées, de ventiler, de voir comment la situation est devenue malsaine et de cheminer à travers son propre bilan.

Une fois que j'ai un portrait assez clair de la situation, telle que vue par l'emprisonné, j'essaie de trouver un angle qui résonne chez lui, une approche qui réveille ses motivations intrinsèques et qui lui donnera le courage nécessaire pour aller de l'avant. Parce que le gros du travail, c'est lui qui le fera, pas moi. Je guide, certes, mais je n'avance pas à la place de l'autre. J'aborde donc la situation selon plusieurs angles pour voir ce qui le rejoint. En voici quelques exemples.

L'angle de la logique

L'angle de la logique implique de relater les faits un à un, dans un ordre chronologique si possible, afin de permettre à l'emprisonné d'avoir lui-même une vue d'ensemble la moins émotive possible. C'est généralement le premier angle que je choisis parce que cette vue d'ensemble lui permet de se détacher partiellement de l'émotion.

C'est un peu le même principe quand on rencontre une victime de harcèlement psychologique: on lui demande de mettre par écrit tout ce qui s'est produit. Lorsqu'il s'agit d'une relation sous emprise, il importe de nommer les événements, les propos, les dates, les sentiments vécus, les témoins, les conséquences, et ce, dans le respect des individus, sans porter de jugement sur personne, sans prêter d'intention, sans culpabiliser qui que ce soit parce que ce n'est pas constructif et ça ne fait de bien à personne. L'idée est de nommer les choses dans le respect de soi. Calomnier l'autre ne nous fait pas nous sentir mieux.

Donc, on s'assure de nommer ou de faire dire, par exemple, la date du début de la relation, les gestes concrets qui ont fait plaisir, les gestes concrets qui mettent mal à l'aise, les témoins, les déclencheurs de crises de colère, les paroles vexantes, les silences, les reproches, les effets du stress liés à la relation, le doute actuel, la difficulté à y voir clair. Le fait de nommer aide l'autre à extérioriser le drame qui l'habite et cela permet aussi d'accepter les faits pour ce qu'ils sont: du passé. En effet, ils représentent l'accumulation et la conséquence de ce qui a été fait et dit. Il est possible désormais de faire autre chose autrement.

Bien souvent, l'emprisonné ne parvient pas à s'admettre à lui-même la gravité d'une problématique et le fait de l'entendre de la bouche d'un autre facilite la verbalisation de l'innommable, l'expression de ce qui a trop longtemps été gardé pour soi: le dévoilement du mal-être réel. C'est pourquoi je me permets d'être totalement authentique dans mes réactions, mais sans jugement. J'exprime ma surprise devant les événements, mon inquiétude envers le bien-être de la personne, ma compréhension devant le besoin que les choses changent. Je suis sincèrement empathique sans me laisser dominer par mes émotions.

Il est plus facile pour quelqu'un qui est extérieur à la situation d'oser dire que le stress est devenu inhumain, que l'emprisonné doit penser à lui. Mais il arrive que la logique pure et simple ne puisse atteindre son objectif. Pourquoi? En raison de l'envahissement émotif, de la honte, de la peur, des scénarios catastrophes qui se jouent dans sa tête, de la crainte du célibat, de l'anticipation des représailles, de la non-acceptation des mensonges de l'autre, *etc.*

Ainsi, Jacques, dont la nouvelle flamme lui avait fait croire qu'elle était enceinte, ne parvenait plus à raisonner logiquement tant il était perturbé émotionnellement. Il refusait l'idée qu'elle ait pu lui mentir, même si je lui disais qu'une troisième grossesse arrivée à quinze semaines devait être visible chez une femme de quarante-deux kilos. Il n'avait jamais eu d'enfant et il gobait tout ce qu'elle lui disait, pas tant par naïveté mais parce qu'il avait besoin de la croire. Elle avait réveillé en lui le goût d'avoir un enfant. Le hic, c'est qu'il n'en voulait pas dans ces conditions et qu'il n'y avait aucun bébé en route.

Ma cliente, à qui un investissement majeur avait été proposé, ne pouvait se résoudre à croire qu'il s'agissait d'une arnaque même en lui expliquant que les actions participatives ne signifient pas qu'elle ne prend pas de décisions, mais bien qu'elle ne fait pas partie du partage des bénéfices et que ses actions ne lui rapporteront qu'à la vente de celles-ci si l'emprisonneur accepte de les lui racheter. Bref, même la logique simple ne lui permettait pas de lâcher prise. Le projet avait l'air si réel et elle avait tant besoin de s'épanouir, de changer de domaine, de changer de vie!

Mais même si l'impact de cet angle n'est pas immédiat, cette stratégie permet de semer une graine de logique dans le brouillard du raisonnement et les arguments rationnels finiront par faire leur chemin jusqu'à la conscience. C'est une question de temps et de progression.

L'angle des symptômes

L'angle des symptômes ressemble à celui de la logique, mais il ne touche qu'un seul aspect de la situation: les conséquences négatives de l'emprise sur le corps, le cœur et l'esprit de l'emprisonné. Dans cet angle, il s'agit de demander à l'emprisonné s'il dort bien, s'il mange bien, s'il est stressé. Élaborez avec lui une liste de symptômes, faites-les-lui écrire afin qu'il puisse constater par lui-même que ça ne va pas et qu'il a besoin d'aide. Suggérez-lui d'aller voir son médecin et de lui montrer la liste. Ce professionnel pourra établir si son patient a besoin d'un coup de main pour rééquilibrer la chimie du cerveau et permettre une convalescence plus harmonieuse.

Si vous connaissez déjà les antécédents médicaux, posez des questions sur des problèmes survenus précédemment et qui étaient maîtrisés avant la relation sous emprise. Logiquement, le stress de l'emprise est si intense qu'un impact physique est observable: hypoglycémie, asthme, urticaire, eczéma, crises de foie, migraines, acné, *etc.*

L'angle émotif

L'angle émotif se veut un moyen de faire nommer à l'emprisonné les sentiments et les émotions ressentis. Est-il foncièrement heureux? Est-ce ainsi qu'il voulait être aimé? Comment se sent-il quand l'emprisonneur le talonne de reproches avec véhémence?

Souvent, l'emprisonné trouve des excuses pour justifier le comportement de l'emprisonneur: c'est à cause du stress lié au travail, c'est à cause de son père, c'est à cause de son ex, c'est à cause du manque d'argent. Bref, toutes les raisons extérieures sont évoquées, sauf le fait que la situation et le comportement n'ont pas de bon sens. Il est très difficile pour l'emprisonné d'exprimer sa colère face à l'autre, mais il faut pourtant y parvenir, par exemple arriver à verbaliser ses divergences de point de vue, son insatisfaction, son besoin non comblé, son désir de changement; réussir à se définir soi-même, à se retrouver, à établir ses limites et à se respecter.

Aussi, tout en douceur, demandez à l'emprisonné comment il se sent, lui, personnellement. Sans jugement, sans insultes, sans bouc émissaire, juste comment il vit sa relation jour après jour. Qu'est-ce qui lui convient et qu'est-ce qui ne lui convient pas? Puisqu'on ne peut pas changer l'autre, alors il faut se demander si on peut vivre avec les défauts de celui-ci ou séparer les chemins! Est-ce la vie dont il a rêvé? Est-ce la relation souhaitée? L'emprisonneur ne changera pas. Les gens ne changent pas: ils évoluent, ils cheminent, ils gagnent en maturité, mais le fond reste le même.

Un client m'a appelé récemment pour me demander de l'aide. Il pensait que sa conjointe lui mentait depuis le début de leur relation, soit vingt-trois ans plus tôt, et il n'avait plus confiance en elle. Il était convaincu qu'elle l'avait trompé en raison de preuves circonstancielles qui ont été portées à son attention. Il l'a questionnée bien des fois, mais elle a nié en bloc. Ils sont allés en thérapie, mais la méfiance est demeurée vive. Il était persuadé qu'elle était incapable de lui avouer son adultère. Or, il ne pouvait plus vivre ainsi. Son doute le rongeait au plus profond de son âme au point où il m'a demandé de les rencontrer tous les deux afin d'évaluer si, avec la synergologie – l'analyse du non-verbal – je pourrais enfin lui dire si elle était sincère ou non. Or, dès notre premier entretien, je lui ai demandé: «Que se passera-t-il si elle admet qu'elle vous a trompé?» Il n'en avait aucune idée. Il a été décontenancé par ma question. Il était convaincu qu'elle était une menteuse et avait besoin de le croire, sinon cela impliquait que lui avait un gros problème à résoudre dans sa propre tête, mais il n'avait aucune idée de ce qu'il ferait s'il avait raison!

Or, sous l'angle émotif, il est intéressant d'explorer ce qu'il pourrait advenir à la suite d'une séparation, d'une rupture, d'un éloignement parce que c'est justement la peur du vide qui pousse certaines personnes à demeurer dans l'emprise. Nommer cette terreur de la solitude permet de l'apprivoiser graduellement et de la transformer en autre chose.

L'angle de l'emprisonneur

L'angle de l'emprisonneur convient aux gens qui résistent à l'idée que l'emprisonneur ne correspond pas à l'idéal qu'ils se sont imaginé. En effet, parfois la logique simple, la verbalisation des émotions et l'énumération des symptômes ne suffisent pas. L'emprisonné refuse la prémisse selon laquelle il a été manipulé. Il continue de défendre l'emprisonneur bec et ongles en plus de s'autodénigrer dans cette relation problématique. Il conteste que quelque chose cloche et que ce quelque chose est grave. Même si on le fait ventiler et qu'on lui fait nommer les comportements, les propos tenus, les conséquences, il y a un blocage extrêmement solide et persistant. Il ne veut pas croire que l'autre est un emprisonneur. Ce sont probablement les relations sous emprise les plus puissantes que j'ai vues jusqu'à présent.

Il y a alors une autre option: offrir à l'emprisonné une sortie honorable, une raison acceptable, une explication défendable, un angle qui lui permettra d'être plus à l'aise. Certains emprisonnés ont besoin d'une justification pour accueillir avec plus de sérénité et de lâcher-prise l'aspect si sombre de la situation: peut-être que l'emprisonneur ne va pas bien et qu'il a besoin d'une aide professionnelle; peut-être que l'emprisonneur a un problème de santé mentale et ne réalise pas le tort qu'il fait; peut-être que l'emprisonneur surréagit au stress et a besoin de soins. Et, dans les faits, tout cela est possible. En effet, des gens profondément méchants, il y en a peu. Mais des gens qui ne vont pas bien et qui transfèrent leur mal-être sur des boucs émissaires au lieu de demander de l'aide, ça, il y en a beaucoup!

Or, ce qui est important de faire saisir à l'emprisonné, c'est qu'il n'est pas la bonne personne pour intervenir. Il ne peut pas «sauver» l'emprisonneur. Il n'a pas les connaissances, les compétences et les outils nécessaires pour cela puisque la situation relève d'une problématique qui le dépasse. C'est pourquoi il est nécessaire d'insister sur le fait que seul un professionnel peut apporter l'aide souhaitable si, et seulement si, l'emprisonneur accepte d'être aidé. Et ça, ça appartient à l'emprisonneur. On ne peut pas le forcer, et cela ne relève pas de l'emprisonné. C'est le choix de l'emprisonneur.

Dans cette approche, ce qui est essentiel, c'est de rationaliser brièvement le comportement de l'autre sans l'excuser, sans le justifier et sans se perdre dans de grandes explications psychiatriques qui ne seraient que pures suppositions et hypothèses de néophytes.

En d'autres termes, en tant qu'ami, prenez le temps de mentionner les possibilités expliquant le comportement emprisonneur simplement pour que l'emprisonné cesse de croire que c'est sa propre faute et, surtout, pour qu'il résiste moins à l'idée que l'autre ait pu lui mentir. Rappelons que votre ami est en situation de crise. Il ne réagit pas de façon logique et rationnelle et ne comprend pas les raisons qui ont pu pousser quelqu'un à agir de façon aussi abjecte avec lui. Il est envahi par l'émotivité, la douleur, le ressentiment et la honte. Et cette émotivité lui fait créer, dans son esprit, des scénarios qui n'ont rien à voir avec la réalité. Il pourra vous sortir toutes sortes de théories plus folles les unes que les autres. Et, croyez-moi, il peut aller loin dans les élucubrations! Aussi, ne le laissez pas déraper. Il n'est pas psychiatre, il ne peut donc pas poser un diagnostic sur l'état mental de l'emprisonneur. Tout ce que l'on veut qu'il retienne, c'est que, peut-être, l'autre ne va pas bien, qu'il faut laisser les professionnels s'en occuper et soi-même s'en éloigner.

Les explications sur une possible difficulté relative à la santé sont une porte de sortie: l'autre est malade, c'est pour cette raison qu'il agit ainsi. Et ces explications simples peuvent aider l'emprisonné à lâcher prise, à accepter que l'emprisonneur a besoin d'aide et que lui-même n'est pas outillé pour l'aider, qu'il doit d'abord sauver sa peau. La seconde étape sera de faire prendre conscience à l'emprisonné qu'il a lui-même besoin de soutien parce qu'il est salement amoché par le vécu des derniers mois.

Ajoutons cependant qu'il ne sert à rien de trop chercher à comprendre l'emprisonneur. Il a sa logique à lui et elle ne sera pas du tout rationnelle pour vous. Lâchez prise là-dessus. Je sais, l'incompréhension, c'est le vide, l'inconnu, l'impasse, et l'humain a horreur de ça. Nous avons besoin de savoir, de conclure, de donner un sens à ce qui arrive. Mais en voulant tout comprendre, on risque de se perdre et de se torturer à force de souhaiter entrer dans la tête de l'emprisonneur qui, lui, ne souffre pas de son comportement. Car pour réellement le comprendre, il faut se mettre à sa place. Il faut saisir ses motivations et donc aller observer, analyser, ressentir, toucher toute la noirceur qui l'habite sous sa carapace. Or, cette carapace n'est pas là pour rien: elle le protège, lui, de ce qu'il y a au-dedans de lui. Et cette armure construite au fil des ans, vous, vous ne l'avez pas. Vous avez la vôtre, pas la sienne.

Certains d'entre vous diront qu'ils ont eux-mêmes vécu tant de choses que leur propre carapace est bien assez épaisse. C'est faux. Vous n'êtes pas un emprisonneur justement parce que vous ne seriez plus capable de vous regarder dans le miroir ou de regarder vos enfants dans les yeux sans vous décomposer. Nous ne sommes pas dans un film. On ne va pas creuser les motivations intrinsèques de quelqu'un pour en ressortir indemne, comme si de rien n'était et sans être affecté. Il n'y pas de bouton «Reset» dans notre tête. Une fois qu'on voit la laideur, on ne peut pas l'oublier. Demandez aux policiers, aux pompiers, aux ambulanciers, aux soldats à quel point il est difficile d'oublier, de faire abstraction. Pour qu'il lâche prise, suggérez simplement à l'emprisonné que l'emprisonneur ne va pas bien, qu'il a besoin d'aide.

L'angle du vécu

L'angle du vécu peut être utile si l'emprisonné vous considère comme quelqu'un qui a réussi dans le domaine qui est pour lui actuellement problématique: en affaires, en amour, *etc.* et si vous avez à ses yeux une crédibilité certaine. Cela implique qu'il vous voie comme un mentor, un coach ou un modèle. Vos paroles sont d'or. Soyez donc prudent dans le choix de vos propos. Le partage de votre vécu ainsi que de vos observations peut apporter un éclairage intéressant. Par l'ouverture qu'il a envers vous, l'emprisonné vous offre une porte d'entrée. Il est ainsi possible de créer une brèche dans sa résistance, de lui ouvrir, en partie, les yeux. S'il vous a en haute estime et que votre vécu résonne en lui, alors, peut-être, enregistrera-t-il quelques éléments, des semences qui vont germer lentement mais sûrement. Il est fort probable que, sur le coup, il vous dise que sa situation à lui est différente et qu'il se justifie. C'est correct. L'important est que vous ayez semé une graine. Vos phrases vont faire leur chemin jusqu'à la raison, le moment venu.

Évidemment, si vous devez intervenir auprès d'un ami en couple sous emprise et que vous êtes vous-même malheureux dans votre célibat ou avec votre conjoint, vos conseils risquent de tomber à plat. Même chose si vous êtes fauché et tirez le diable par la queue et que vous donnez des conseils financiers. Pour utiliser cet angle, il faut être crédible.

L'angle du respect de soi

L'angle du respect de soi permet de tracer une ligne. Chaque histoire est unique et il se peut que celle de votre ami se termine bien. En effet, peut-être que ce fameux projet va finir par débloquer! Peut-être que ce collègue envahissant va réaliser tous les efforts consentis et se montrer reconnaissant. Peut-être que cette histoire d'amour impossible se concrétisera en une union officielle et satisfaisante. Peut-être... mais peut-être pas aussi. Au fond, la vraie question est celle-ci: est-ce que votre ami se respecte réellement là-dedans et quelle est la limite à ne pas dépasser?

Une amie précieuse, et psychoéducatrice aguerrie, m'a dit un jour: «Si tu acceptes d'être la maîtresse, en d'autres mots si tu acceptes d'être la seconde femme dans la vie d'un homme, tu ne seras jamais la première. Pourquoi ferait-il l'effort de se libérer pour toi s'il peut avoir les deux: le *statu quo* et la passion?» Comme elle avait raison. Depuis, à chaque fois qu'un ami me parle d'un grand amour naissant avec quelqu'un qui est mal marié et qui va bientôt se séparer, je m'empresse de lui rappeler l'importance d'attendre l'arrivée de cette liberté cruciale à une nouvelle liaison. Il ne faut jamais coucher avec un amour qui n'est pas disponible, car il ne le deviendra jamais pour soi. Il doit le devenir pour lui-même.

Certaines personnes courent après les histoires sans lendemain. D'autres, sous le poids de la culpabilité de l'adultère, se puniront de leurs actes en s'obligeant à maintenir le *statu quo*, même si elles sont malheureuses. Enfin, quelques-unes redécouvriront à quel point elles aiment leur partenaire actuel et ne voudront pas poursuivre leur récente idylle, aussi passionnée soit-elle. Finalement, plusieurs de ces personnes sont tellement mêlées qu'elles ne savent plus ce qu'elles veulent et, dans le doute, elles s'abstiennent de tout changement. En conclusion, si on accepte d'être le deuxième, on ne devient jamais le premier.

Or, si votre ami est dans une relation sous emprise, il y a fort à parier qu'il a déjà un pied dans l'engrenage. Demandez-lui alors quelle est la limite qu'il considère significative pour lui. Quelle est cette ligne à ne pas franchir? C'est à lui de la tracer, pas à vous, mais encore faut-il qu'il l'ait déterminée! Lui poser la question, c'est lancer une pierre dans la mare en espérant que les vagues amèneront des changements. Il se peut aussi qu'il indique une limite qu'il transgressera tout de même. Ne vous découragez pas. Il risque fort de rechuter plusieurs fois. Ce qui compte, c'est de l'amener à établir ce qui est acceptable à ses yeux et ce qui ne l'est pas. Et ce décompte est en mouvance. Mais avec le temps, il se consolidera. Et vous, votre rôle sera d'agir au mieux en prenant soin de vous et en vous accordant la priorité.

Jacques, dont la nouvelle flamme était mariée et possessive, voulait qu'elle cesse de le harceler. Après plusieurs rechutes, il a compris qu'avec elle, soit elle ne connaissait pas son numéro et alors il n'avait pas d'appels, soit elle connaissait son numéro et son téléphone sonnait plusieurs dizaines de fois par jour. C'était blanc ou noir, il n'y avait pas de zones grises. Il a donc choisi de changer son numéro et de le garder confidentiel. Il a aussi fait le choix de ne surtout pas lui ouvrir la porte, car il savait qu'il ne résisterait pas à ses avances sexuelles plus qu'explicites. Il a de plus fait le choix de ne pas répondre quand elle téléphonait au bureau et d'appeler la police s'il craignait qu'elle ne fasse une bêtise au lieu d'intervenir lui-même. C'était son choix. Et, pour tenir le coup dans les moments de doute (et Dieu sait qu'il y en a eu), il a demandé l'aide d'amis qu'il pouvait appeler au besoin. Il rencontrait une psychologue sur une base régulière et il écoutait des livres audio de développement personnel pour se motiver et se renforcer. Il avait tracé sa ligne et s'y accrochait comme à une bouée de sauvetage. Fort heureusement d'ailleurs, puisque la traversée du désert n'a pas été de tout repos. La dite idylle s'est transformée en cauchemar. Il a dû faire interner la dame dans l'aile psychiatrique d'un hôpital une première fois.

Quelques semaines après sa sortie de l'hôpital, elle s'est pointée chez lui, un soir très tard, et comme il refusait de lui ouvrir la porte, elle a tenté de briser la fenêtre de l'appartement avec une pelle tandis que son mari l'attendait dans la voiture au coin de rue suivant et que sa fille, dans la vingtaine, lui disait qu'il fallait partir avant que la police arrive! Oui, vous avez bien lu, c'est fou! Cette fois, l'internement à l'aile psychiatrique a duré un mois.

Le respect de soi s'applique tout aussi bien dans le monde du travail. Jusqu'à quel point votre ami est-il prêt à subir l'emprise d'un collègue? Cet emploi vaut-il plus, à ses yeux, que sa santé? Car rien ne sert de se mentir: le corps réagit au stress provoqué par la situation et ça n'ira pas en s'améliorant tout seul, comme par magie.

Je me souviens d'un client qui, au bout de dix ans d'emprise, a finalement tracé une ligne. Il a donné un ultimatum à son partenaire d'affaires. Ce dernier avait trois mois pour lui rembourser les sommes dues et aucun retard ne serait plus toléré désormais. Il a fait une liste de six pages de récriminations toutes plus solides les unes que les autres. Il a affronté son partenaire avec l'aplomb de quelqu'un qui en a assez et avec la sérénité de celui qui se choisit. Les huit premières semaines, mon client a cru qu'un changement s'était opéré, qu'il avait «recadré», voire même changé, son partenaire, que désormais tout irait bien. Mais le naturel est vite revenu au galop. Rappelez-vous: les gens ne changent pas, ils évoluent. La base demeure la même. Petit à petit, les paiements se sont espacés, les chèques se sont mis à rebondir, les excuses ont rejailli. Il a fallu se rendre à l'évidence: la relation d'affaires avait du plomb dans l'aile. La confiance avait été trahie. Une fois le lien définitivement rompu, étrangement, plusieurs clients sont venus le voir. Ils avaient tous eu maille à partir avec ce même partenaire et chacun se demandait s'il était le seul à avoir vécu une relation à la fois hypnotisante, malsaine et destructive.

Un jour, un nouveau client, directeur d'usine, m'a fait part d'une rupture amoureuse particulièrement pénible. En couple avec sa responsable des ressources humaines, elle l'avait trompé avec le représentant syndical et s'affichait ouvertement avec lui. Il en était ressorti démoli, vulnérable et épuisé émotionnellement. Quelques mois plus tard, l'actionnaire principal de l'entreprise dont il assumait la direction générale a vendu ses parts à un consortium concurrent. Très rapidement, mon client, en peine d'amour, s'est retrouvé avec des patrons étrangers qui ne connaissaient pas la réalité de l'entreprise ni même celle du Québec, d'ailleurs. Comme il était un ami de l'ancien actionnaire, mon client était perçu, par ses nouveaux patrons, comme un traitre potentiel, une *persona non grata*. Il était l'homme à abattre. Ils lui ont rapidement fait sentir qu'il ne faisait pas partie des plans de l'entreprise, qu'il devrait rentrer dans le nouveau moule sans être assuré d'être gardé en poste au cours de l'année à venir. Angoissé, stressé, épuisé, mon client s'est mis à faire encore plus d'heures supplémentaires. Il avait peur de perdre : perdre son emploi, perdre son statut, perdre sa vie. Il avait tellement peur qu'il ne voyait pas l'évidence. Les nouveaux actionnaires faisaient tout ce qu'ils pouvaient pour qu'il s'épuise, qu'il tombe malade afin de se débarrasser de lui. Ils lui donnaient des informations parcellaires ou erronées pour qu'il fasse des erreurs qu'ils allaient ensuite lui souligner en réunion d'équipe. Ils se sont livrés à du harcèlement, l'appelant le soir et les fins de semaine pour qu'il n'ait jamais de répit. Ils lui ont fixé des objectifs impossibles à atteindre et lui ont demandé de mettre à pied 50 % de son équipe.

Quand je suis arrivée, mon client était en train de tomber dans le piège et il ne voyait pas de porte de sortie. Il était paniqué. Le conseiller en ressources humaines en place m'avait fait part qu'une employée était possiblement amoureuse du directeur, selon ses dires à lui. Or, j'ai vite compris que c'était partagé. Il tentait d'étouffer ses nouveaux sentiments, mais la solitude lui pesait beaucoup trop. Que faire? Il ne servait à rien de lui dire de ne pas tomber dans ses bras puisque ce n'était qu'une question de temps avant qu'il le fasse. Mais je l'avais mis en garde contre plusieurs attitudes qui pouvaient en cacher d'autres. Incapable d'être seul, mais surtout en manque d'affection pure et simple, il a débuté cette relation avec cette employée qui s'est mise à lui faire des crises d'anxiété toutes les semaines. Quand je l'ai rencontré, il avait perdu du poids, faisait de l'insomnie, mangeait peu et mal. Il avait des troubles de concentration et son niveau d'énergie était faible. Il ne savait plus quoi faire. Pour reprendre les paroles de Pierre Curzi, énoncées à une émission de radio[19]: «l'indécision est la pire créatrice de stress».

Mon client était convaincu que l'entreprise était obligée de le garder, qu'elle ne pouvait fonctionner sans lui. Il s'était donc lui-même confectionné un terreau fertile à l'emprise. Je lui ai annoncé à l'avance ce qui allait se produire; ce n'était pas bien difficile, le *pattern* organisationnel étant évident. Étant donné que j'avais raison, il a fini par écouter ce que je lui disais, par y prêter l'oreille et, à chaque fois qu'il sortait d'une rencontre pénible avec les nouveaux actionnaires, il se disait: «Annabelle me l'avait dit.» Il a donc, tranquillement, appris à lâcher prise. Il n'avait plus rien à perdre puisqu'il n'avait plus de place dans cette entreprise qu'il ne reconnaissait plus. Il a négocié son départ. Il a retrouvé l'ancien associé principal et est devenu directeur général ailleurs. Il est célibataire et nettement plus heureux.

11. Les obstacles

Les obstacles sont inévitables mais pas incontournables. Ils existent, mais ça ne veut pas dire qu'ils doivent vous empoisonner l'existence.

Le premier obstacle et le plus difficile dans la relation sous emprise, c'est probablement ce doute: la crainte de passer à côté de l'opportunité, du grand amour, de l'occasion en or. Et s'il laissait sa femme? Et si le projet mettait simplement un peu plus de

19. Émission *Puisqu'il faut se lever* au 98,5 FM.

temps que prévu à démarrer? Et si je n'en fais pas assez et que la promotion est accordée à quelqu'un d'autre? Et si la seule personne qui me veut vraiment du bien, c'est ce coach spirituel? Et si... Avec des si, on peut aller loin, mais la création d'hypothèses ne mène qu'à des scénarios à 90 % totalement improbables. Que d'énergie perdue à s'illusionner et à se dire qu'il s'en voudrait s'il ratait sa chance.

Revenons dans le monde réel. Une véritable âme sœur ne brise pas son mariage pour vous, elle met fin à une relation qui ne lui convient pas, soigne ses blessures et s'ouvre à quelqu'un d'autre. Elle le fait pour elle-même d'abord et avant tout, sans vous faire porter le poids de sa séparation, sinon on a affaire à du chantage affectif! Le partenaire d'affaires sérieux ne met pas de pression indue. Il fait ce qu'il a à faire, indépendamment de vous. Il vous tend une perche, mais ne vous relance pas plusieurs fois pour vous convaincre. Il sait que, si ce n'est pas vous, c'est qu'un autre partenaire l'attend ailleurs. Et quand un projet est vraiment solide, ne vous en faites pas, les banques aussi veulent leur part du gâteau.

Le deuxième obstacle, c'est l'insistance de l'emprisonneur. Et Dieu sait qu'il y en a, des coriaces! Il ne lâche pas sa proie facilement et revient à l'assaut dès que la vigilance de l'emprisonné s'amenuise. La force de l'emprisonneur, c'est justement sa détermination à atteindre son objectif, mais aussi ce côté obsessionnel qui le pousse à revenir à la charge. En effet, bien des emprisonneurs sont eux-mêmes envahis émotionnellement et ne parviennent pas à faire cesser les scénarios dans leur tête. Ils en sont si préoccupés qu'ils transfèrent leur mal-être sur leurs emprisonnés.

Souvenez-vous de mon client qui fréquentait une collègue qui lui piquait des crises d'angoisse. Lorsqu'elle vivait un stress, elle était si retournée qu'elle pouvait l'appeler quinze fois dans la même soirée et lui envoyer une quarantaine de textos. Peu importe les solutions qu'il trouvait, elle répliquait par un nouveau problème. Par exemple, elle se plaignait d'un mal de ventre intolérable. Mon client lui disait d'appeler Info Santé. Elle rétorquait qu'elle avait déjà tenté le coup et qu'on lui disait d'aller voir un médecin. Il l'encourageait donc à aller à l'urgence. Elle répondait qu'elle allait perdre son emploi si elle s'absentait encore. Il lui disait d'attendre après le travail, ce à quoi elle ripostait qu'elle allait perdre connaissance tellement elle souffrait. Il lui suggérait de voir si une clinique sans rendez-vous ou une clinique privée pouvait la voir sur l'heure du dîner. Mais, bien sûr, la clinique était trop loin pour elle, le taxi allait lui coûter les yeux de la tête, elle ne s'en sortirait jamais financièrement et l'immigration allait sûrement lui découvrir une maladie grave et la retourner en Europe! Vous voyez le topo? Évidemment, mon client était incapable de la laisser tomber. Il a fallu lui faire voir qu'en ne mettant pas de limites claires, en ne respectant pas son propre besoin de silence, de solitude et de paix, en ne protégeant pas sa bulle personnelle, il s'épuisait. Il ne pouvait rien pour elle. Il n'était ni psychologue ni médecin. Leur relation n'a évidemment pas duré, et c'est correct ainsi. Mais il a dû se résoudre à éteindre son cellulaire le soir puisque, même en expliquant son point de vue, elle continuait de l'utiliser pour déverser sur lui son trop-plein d'angoisse.

Le troisième obstacle, c'est l'illusion de régler le problème d'un seul coup. Il en résulte un épuisement à force d'essuyer des revers, de devoir se protéger durant des jours, des semaines, des mois, de ne pas pouvoir baisser la garde. Car il est certain que l'emprisonneur va récidiver, et ce, des dizaines de fois, tout simplement parce que, bien souvent, on a les gens à l'usure. Il lui suffit de persévérer. C'est le supplice de la goutte d'eau. Elle semble inoffensive, mais comme elle tombe toujours à la même place, elle rend sa cible extrêmement sensible, vulnérable et, en bout de piste, l'emprisonné finit par accepter n'importe quoi pour que l'insistance cesse, pour que la torture psychologique prenne fin.

À chaque fois que l'emprisonné va mettre une limite, il va espérer que celle-là sera la bonne, qu'il aura la paix, que c'est la dernière fois qu'on aborde le sujet. Il va s'illusionner, se «péter les bretelles», se croire libéré. Et il n'en sera que plus déçu à la tentative suivante de l'emprisonneur pour revenir l'envahir. Cette notion est importante. Il s'agit ici de la création d'attentes qui seront nécessairement non respectées. L'emprisonneur n'a jamais respecté les limites de l'emprisonné jusqu'à présent, alors pourquoi le ferait-il maintenant que l'emprisonné essaie de s'en libérer? Soyons logiques! Il va plutôt chercher à le ramener dans l'ancien *pattern*. Quand on est conscient de cela, on se recentre sur nos besoins.

L'emprisonné ne doit pas tenir pour acquis que l'autre va arrêter son manège, tout simplement parce qu'il n'a aucun contrôle sur l'emprisonneur. Sa seule certitude, c'est d'avoir fait un pas de plus. Ce sur quoi il a de l'influence, c'est sur sa propre réaction. Pour le reste, quand la situation se dégrade malgré les limites imposées, le recours à l'aide des services policiers, médicaux, juridiques et de santé mentale peut être d'un grand secours.

Le quatrième obstacle, c'est la naïveté et l'orgueil de croire que l'on peut changer l'autre. Combien de fois ai-je entendu des clients dire qu'ils allaient faire entendre raison à l'emprisonneur, qu'ils allaient le convaincre de consulter ou de demander de l'aide. Par définition, celui qui envahit la vie d'un autre a de l'entraînement, il est rodé. Il n'est pas devenu emprisonneur du jour au lendemain. Il a développé ses habiletés de manipulation, de contrôle et de domination dès l'enfance. Il est donc endurci. Comme le mentionne Isabelle Nazare-Aga[20], il n'a pas conscience du mal qu'il fait, mais a conscience de l'influence qu'il a sur autrui. Christel Petitcollin[21], psychothérapeute et auteure, affirme que l'emprisonneur est immature. Il ne voit pas la souffrance de l'autre, il ne le respecte pas et cherche à satisfaire uniquement ses propres besoins. Isabelle Nazare-Aga[22] est formelle: «Les manipulateurs n'aiment personne.» Pourquoi changeraient-ils? Ils retirent quelque chose de cette emprise, ne serait-ce que le sentiment

---

20. I. Nazare-Aga, *Manipulateurs, pervers narcissiques: qui sont-ils?* Psychologie.com, avril 2011.
21. C. Petitcollin, *Manipulateurs, pervers narcissiques: qui sont-ils?* Psychologie.com, avril 2011.
22. *Ibid.*

de supériorité et l'impression d'avoir le dessus, d'avoir le contrôle. Ce qui les fait se sentir vivants, puissants.

Les emprisonneurs font généralement peu d'introspection. Dans certains cas, ils transfèrent simplement sur quelqu'un d'autre leur frustration, leur faible estime d'eux-mêmes, leurs doutes pour ne pas les ressentir, pour ne pas s'admettre à eux-mêmes certaines réalités. Ils ont besoin d'un bouc émissaire, d'un «punching bag» émotif. Rares sont les emprisonneurs qui consultent un psy et qui cherchent à réfréner leur élan dominateur. Et, selon le psychanalyste Jean-Charles Bouchoux[23] et le psychiatre Christophe André[24], ceux qui entament une thérapie ne se rendent pas bien loin puisque les mécanismes de défense de l'emprisonneur reprennent vite le dessus pour que la structure interne ne se fissure pas. Essayer de changer un emprisonneur ou tenter de le sauver de lui-même, «c'est une impasse énergivore et chronophage», selon la coach Sylvaine Pascual[25].

Principe 36

À chaque fois que vous voulez sauver quelqu'un d'autre, demandez-vous quelle partie de vous-même vous tentez aussi de rescaper. Travaillez plutôt là-dessus. C'est davantage en cheminant soi-même que l'on a une réelle influence sur notre entourage. Au lieu d'encaisser et de vous battre, choisissez de rayonner.

23. *Ibid.*
24. *Ibid.*
25. S. Pascual, *Guide de survie aux abrutis: 6 erreurs fatales avec un manipulateur,* IthaqueCoaching.com, 2011.

Cerveau & Psycho.fr

Le saviez-vous ?

Sortir d'une secte

Les gens qui adhèrent à une secte n'ont pas de défaillance de fonctionnement psychique, de disposition à la soumission, de faiblesse intrinsèque, ni d'un besoin d'adoration. Leur seule caractéristique commune est d'avoir été animés d'une demande de changement de soi ou du monde et c'est justement ce que leur propose une secte. En d'autres termes, les adeptes souhaitent se réaliser, échapper à un destin prédéterminé, à une vie banale. Ils veulent connaître un meilleur avenir, contribuer à l'amélioration du monde. La secte offre donc tout un volet de cheminement personnel, d'amélioration du potentiel, *etc.* Lorsque les adeptes sortent d'une secte, ils font part d'un arrêt de la pensée leur interdisant de comprendre ce qui est arrivé, de construire de nouveaux projets de vie. Ils ne parviennent plus à attribuer un sens aux actions et événements de leur vie. Ils ont l'impression d'avoir perdu une grande part de leur vitalité, ils se sentent dépossédés et éprouvent un profond sentiment de solitude, d'isolement. Ils ont perdu goût aux relations avec autrui et se méfient. Ils doutent et craignent d'être à nouveau manipulés. Ils ne parviennent plus à libérer leur esprit des mantras appris et se retrouvent prisonniers en eux-mêmes sans savoir réellement ce qui les a fait basculer dans une secte.

Source : Cerveau & Psycho n°10 - juin, août 2005

守る

Porte de sortie : se protéger

Le but de la discussion ne doit pas être la victoire, mais l'amélioration.
– J. Joubert

Il arrive parfois que l'on se rende compte de la mise en place d'un piège avant que celui-ci ait le temps de se refermer complètement. On n'est alors pas encore dans la gestion de crise à proprement parler puisque le pire n'est pas encore arrivé, mais on est entre deux eaux, incertain et soucieux. C'est une position inconfortable dans laquelle on se retrouve parfois, même si on a fait beaucoup de cheminement pour éviter ce type de problème.

Si l'on a déjà vécu une relation sous emprise et que l'on a encore des apprentissages à faire pour mieux voir venir l'emprisonneur, ou si l'on a affaire à un emprisonneur particulièrement expérimenté, on se laissera charmer un temps mais, tôt ou tard, on reconnaîtra certains signes, certains modes de comportement et on aura cette impression fort désagréable de déjà-vu. Il faudra alors agir très rapidement et très stratégiquement pour sortir au plus vite de l'engrenage qui est en train de se mettre en place.

Il n'est pas nécessaire de se rendre au bout de l'aventure pour constater qu'elle ne nous convient pas, qu'elle n'est pas faite pour nous et que nous avons le droit d'opter pour une autre voie. Vous pouvez choisir d'en sortir tout de suite au lieu de vous rendre trop loin. Lâcher prise est un signe de maturité et non de faiblesse. S'entêter dans le négatif relève de l'orgueil, du déni ou de l'autosabotage. Vous méritez mieux que cela. Or, bien des gens ont l'impression qu'il faut un événement grave pour mettre fin à une amitié, une relation de couple ou une entente professionnelle. Si vous n'êtes pas vraiment heureux, pourquoi continuer sur ce chemin? Pourquoi vous contenter d'un ordinaire insatisfaisant? Vous pouvez aussi vous choisir simplement. Je sais, cette phrase a été galvaudée et a servi à toutes les sauces au cours des dernières années, mais elle est tout de même essentielle dans le contexte actuel. Dès lors que vous ne vous sentez pas bien dans une situation, il y a donc des éléments à éclaircir, une discussion à entamer, un défi à relever. Si le malaise persiste, assurez-vous d'agir au mieux pour vous, mais de grâce, ne persistez pas à rester dans une situation qui vous rend malheureux. C'est votre santé qui risque d'en souffrir.

Je me souviens d'une amie qui éprouvait de sérieuses résistances à l'idée de «se choisir», parce que ce concept suggérait, à ses yeux, de l'égocentrisme et de la suffisance. Elle ne parvenait pas à s'accorder de valeur à elle-même, alors imaginez le défi que représentait pour elle le respect de soi.

Il est vrai que sortir d'une emprise qui commence à se mettre en place demande de l'énergie et une certaine dose de courage puisque l'emprisonneur est charmeur, dynamique, enthousiaste et insistant, et que rien de majeur n'est encore survenu. Mais une fois que vous avez pris conscience que vous êtes en train de plonger dans une situation inacceptable, *agissez, c'est ça le secret,* comme le dirait si bien Alain Samson[26]. Sans attendre, dès maintenant, tout de suite. Pas demain, mais bien aujourd'hui. Rappelez-vous le conseil du conférencier Guy Bourgeois[27]: «Comme notre réussite

---

26. A. Samson, *Agir, c'est ça le secret,* Béliveau éditeur, 2011, 228 pages.
27. G. Bourgeois, conférence *Fais-le maintenant,* http://guybourgeois.com.

provient de nos actions, les repousser à plus tard est donc une garantie d'échec.»

Si vous reportez l'action, le courage risque de vous manquer pour mettre en application vos résolutions. Le délai crée un piège: l'envie de donner une autre chance à l'emprisonneur, le doute sur votre évaluation de la situation, la procrastination devant l'effort à fournir et, surtout, les belles paroles de l'emprisonneur peuvent vous faire reculer.

Vous êtes la personne la plus importante pour vous. Donc, agissez pour vous, et ce, rapidement si vous êtes inconfortable dans une relation et qu'elle vous étouffe. Ne rien faire alors que vous réalisez que vous n'êtes pas bien signifierait de vous transformer en victime à demi consentante. Votre estime de vous-même n'en sera que graduellement plus affectée encore, car il y aura cette petite voix dans votre tête qui vous dira que vous n'avez pas de colonne, que vous êtes lâche.

Il se peut fort bien que vous ayez de la difficulté à nommer ce qui vous dérange et ce que vous voulez, que vous hésitiez à agir et même que vous portiez un dur jugement sur vous. Il ne sert à rien de vous taper sur la tête. Ça ne vous aide pas, ce n'est pas constructif et ça ne vous donne pas la force nécessaire pour agir. Cependant, il importe de comprendre ce qui vous arrive. L'emprisonneur vous a ciblé probablement parce qu'il croit qu'il peut réussir à avoir le dessus. Ce n'est pas une question de faiblesse, mais bien de «timing». Si, en ce moment, vous avez une tendance à douter de vous, il le sent. Il se peut aussi qu'il ait identifié chez vous un besoin qui n'est pas comblé.

Dans le prochain chapitre, nous prendrons le temps de regarder ce qui a attiré ce prédateur vers vous. Mais avant, examinons comment on sort d'une situation qui n'a pas encore atteint son paroxysme et sans encourager toutefois une vague d'agressivité et d'invasion.

PRINCIPE 37

Si la relation professionnelle, d'affaires, amicale ou amoureuse n'était pas encore concrétisée officiellement, vous n'avez rien perdu. Vous avez simplement lâché prise. D'autres opportunités plus solides se présenteront si tel est réellement votre souhait.

1. La sortie honorable

L'emprisonneur est en pleine possession de ses moyens. Il sait où il va et ce qu'il fait. Il suit son plan et ne voudra pas en déroger, surtout qu'il n'en est qu'au début de son processus avec vous. Pour sortir de ses griffes, il vous faut devenir inintéressant pour lui, sans attrait. Il veut que vous investissiez dans son projet? Trop tard, vos fonds sont gelés dans des REER, investis dans un projet que vous chérissez depuis longtemps ou vous n'avez tout simplement pas le montant nécessaire. Indiquez clairement que vous n'êtes pas intéressé et ne souhaitez plus en entendre parler. Soyez clair, ferme et concis. Surtout, ne vous perdez pas dans de longues justifications. L'emprisonneur est un maître dans l'art de la contre-argumentation. L'argent qu'il veut n'est pas disponible, c'est tout. On passe à un autre appel. S'il renchérit, vous l'arrêtez tout de suite en lui rappelant que vous avez déjà répondu à cette question et que la réponse est toujours la même. Fin de la discussion.

Trop souvent, les emprisonnés cherchent à justifier leurs choix. C'est une erreur. Peu de gens sont outillés pour affronter la joute oratoire qui s'ensuit avec l'emprisonneur. Et pourquoi perdre votre temps à expliquer une décision à quelqu'un qui ne veut pas vous aider, mais bien vous déposséder ou vous envahir? Pourquoi engager un combat perdu d'avance? Parce que vous n'assumez pas votre position? Parce que vous croyez que vous pouvez avoir le dessus? Parce que vous éprouvez, au plus profond de vous-même, un besoin de vous faire justice, de lui remettre la monnaie de sa pièce? Ce serait pure folie et bien orgueilleux de votre part.

Si vous entrez dans la justification, vous jouez au jeu de l'emprisonneur. Vous appliquez ses règles à lui, vous suivez la voie que lui a tracée, alors ne soyez pas surpris si vous tombez dans le piège qu'il a si bien préparé et dans lequel il vous a mené. Vous aboutissez là où il l'a décidé. Rappelez-vous, l'emprisonneur excelle dans l'art de jouer avec les émotions. S'il veut que vous doutiez, que vous soyez fâché ou heureux, il sait comment s'y prendre. Je me souviens d'une amie à qui il suffisait de dire: «T'es pas *game* de le faire!» et, en moins de deux, elle relevait le défi idiot qui lui avait été lancé sans avoir pris conscience qu'elle avait été manipulée pour le faire. J'avais un client dont le partenaire d'affaires s'organisait toujours pour le mettre en colère sur un sujet anodin extérieur à lui, ce qui faisait oublier à mon client ce pour quoi il venait le rencontrer: se faire payer!

Vous êtes dans une relation de couple emprisonnante? Mettez-y fin en indiquant que la relation ne vous convient pas, que ce n'est pas ce que vous recherchez et qu'elle se termine ici et maintenant. Pas de crise de larmes ou de colère, pas de grands débats, pas de justifications du genre: «Je ne suis pas prêt à être en couple, c'est moi le problème, tu mérites mieux que ça», *etc.* Vous êtes la personne la plus importante pour vous alors, de grâce, ne vous autodénigrez pas. Ayez du respect pour vous-même et ne prêtez pas le flanc à des attaques ultérieures. La relation ne vous convient pas, tout simplement.

Un groupe d'affaires veut votre adhésion dans ses rangs? Ce n'est pas ce que vous recherchez, alors donnez l'heure la plus juste possible. Les gens qui s'inventent des explications montées de toutes pièces finissent toujours par se tromper dans leurs mensonges. En effet, rares sont les personnes qui se souviennent de ce qu'elles ont inventé quelques semaines plus tôt. Le meilleur moyen de ne pas s'emmêler dans ce que l'on dit, c'est encore de dire la vérité la plus élémentaire. Et puis, vous serez beaucoup plus en harmonie avec vous-même si votre parole est impeccable[28] que si vous donnez de fausses justifications.

PRINCIPE 38

Acceptez que l'émotion négative que vous ressentez à l'idée de dire non soit normale et saine. Elle démontre que vous n'étiez pas sur la bonne voie. C'est un indicateur que vous devez apprendre à reconnaître plus tôt. Accueillez-la comme une alliée et non comme une ennemie à éliminer.

2. *La fermeté*

Il y a de cela de nombreuses années, j'ai mis fin à une relation qui ne me convenait pas. J'ai pris soin de moi. Cela m'a demandé du temps. Je me suis reconstruite et j'ai refait ma vie. Même si je n'étais plus célibataire, cet ancien amant, de retour d'une longue mission, a recommencé à m'écrire des courriels à double sens. Je n'ai pas répondu au premier. Quand le second est arrivé, j'ai compris qu'il ne lâcherait pas le morceau. J'ai attendu quelques jours et je lui ai envoyé une réponse sans équivoque que voici :

J'espère que tu vas bien.
Moi, je vais très bien.

Tout d'abord, j'aimerais que tu cesses tes commentaires du genre que tu aimerais me faire un câlin ou que tu t'ennuies de mon sourire. Je n'en ai rien à cirer. J'ai un conjoint que j'aime et qui connaît tout de mes relations précédentes, alors les allusions douteuses de ta part, je m'en passe. Si toi tu peux tromper ta blonde, moi je suis fidèle à l'homme que j'aime. Martin sait très bien qui tu es, qui tu as été

28. Miguel Ruiz, *Les Quatre accords toltèques,* Éditions Jouvence, 2009, 150 pages.

pour moi et qui tu n'es plus. Dès que tu m'écris, il le sait. Je lui dis tout. Il fait de même avec moi. C'est ça, pour moi, une relation: de la transparence, de l'honnêteté et une saine communication. À chaque fois que tu as tenté de garder l'amitié, tu as brisé le lien de confiance avec des commentaires inappropriés et des comportements explicites, alors comment veux-tu que j'accorde un quelconque crédit à ce que tu dis? Tu as toi-même été incapable de demeurer dans la simple amitié. Tu as toi-même provoqué mon éloignement. À mes yeux, tu représentes une ancienne relation qui a été surtout douloureuse, triste et marquée par la solitude.

Aujourd'hui, je suis amoureuse d'un homme adorable qui est là pour moi, qui me réconforte, m'appuie, me comble et m'aime comme j'ai envie d'être aimée. Martin est merveilleux et la relation que je vis avec lui depuis près d'un an et demi est tout simplement sublime.

Oublie-moi.

Pourquoi ai-je mentionné mon conjoint dans ce message? Tout simplement parce que l'emprisonneur aime le secret et les cachoteries. Il isole sa proie dans la solitude et le non-dévoilement de la situation. Il n'apprécie donc pas que son comportement soit mis en lumière, exposé à quelqu'un d'extérieur qu'il ne peut pas manipuler. Qui plus est, je savais qu'il avait une conjointe et qu'il ne voulait pas qu'elle apprenne la vérité sur lui.

Évidemment, j'avais déjà tout raconté à mon conjoint dans les moindres détails afin qu'il soit le moins vulnérable possible aux sous-entendus. Et je l'avais fait avant que quoi que ce soit ne survienne. Je connaissais bien l'emprisonneur et je me doutais bien qu'il reviendrait à la charge. Il vaut mieux prévenir que guérir. La première version est généralement celle que l'on retient le plus. Mon conjoint savait donc, dès le début de nos fréquentations, que j'avais vécu une relation à laquelle j'avais mis fin non sans difficulté. Il n'était donc pas surpris quand je lui ai annoncé que je venais de recevoir un premier message.

Notez bien que j'ai attendu plusieurs jours avant de répondre au second message de l'emprisonneur. Si j'avais répliqué trop rapidement, il l'aurait interprété comme une marque d'intérêt. Qui plus est, j'aurais rédigé sur le coup de l'émotion. Il vaut mieux laisser la poussière retomber. Cela permet de mieux structurer la pensée, de prendre du recul et de faire appel à la conjugaison de la raison et du cœur. C'est un meilleur gage de réussite. Trop rationnelle, la réponse aurait eu l'air apprise et non sentie. Trop émotive, elle aurait donné le sentiment qu'il m'avait atteinte ou affectée.

Avant de riposter et afin de ne pas me perdre dans mes réflexions, j'avais demandé conseil à mon conjoint, à un ami gestionnaire et à une amie psychoéducatrice afin de bien comprendre ce qui était en train de se produire, de connaître le meilleur moyen d'intervenir et comment prendre soin de moi à travers tout cela. Car, inévitablement, quand un emprisonneur tente de retrouver sa place, il use de stratagèmes affectifs sournois et il connaît et utilise vos points faibles. Tous les souvenirs remontent à la surface et, avec eux, leur charge émotive. J'ai donc évacué ma colère devant son inacceptation de mon éloignement, ma déception devant la récidive, mon épuisement dû à la répétition de la situation et ma peur d'un dérapage d'agressivité. J'ai fait du sport, je suis allée me promener en forêt, j'ai lu et, surtout, j'ai demandé à mon conjoint d'être très présent, non pas tant physiquement que psychologiquement. Et il a très bien répondu à l'appel. Si un autre message devait arriver dans les jours suivants, c'est d'ailleurs mon conjoint qui répondrait cette fois. C'était notre entente.

En emprisonneur tenace qu'il est, cet homme que j'avais laissé a récidivé, mais seulement huit mois plus tard, le temps que je baisse ma garde. Je n'ai plus jamais répondu, ni à ce message ni aux nouveaux, envoyés à peu près deux fois par année. Je ne veux pas lui accorder d'attention ou lui donner l'impression qu'il a une quelconque importance à mes yeux. Mon conjoint est toujours systématiquement au courant de toute réception de courriels, de tout doute sur un véhicule qui ralentit devant chez moi, de toute situation ayant un potentiel de rencontre. Aucune cachoterie, c'est la clé. C'est même essentiel avec un emprisonneur qui rôde dans les parages.

Si les emprisonneurs savent qu'ils peuvent réussir à l'usure, la karatéka que je suis le peut tout autant! Cela signifie qu'il vous faut faire preuve d'une grande détermination. Je me souviens d'une connaissance qui m'a avoué que l'emprisonneur qu'elle avait sorti de sa vie est revenu la voir quatre ans après leur rupture. L'emprise était si fusionnelle qu'elle est retournée dans son lit durant quelques semaines, jusqu'à ce qu'elle comprenne qu'il n'avait pas changé d'un iota.

Quant à moi, je suis restée ferme dans mon intention, cohérente dans mes actions, constante dans mon attitude. Une relation sous emprise, c'est un peu comme une dépendance: c'est difficile d'en sortir et il y a des moments de faiblesse à travers lesquels il est important de passer pour ne pas rechuter. Mais la rechute est quasi inévitable, prévisible même. À la longue, à force de rassembler son courage et de bien s'entourer, il est possible de franchir les étapes et de passer à autre chose.

À chaque fois que j'interviens auprès d'un emprisonné, je le préviens lui-même et son entourage qu'il y aura des rechutes, que ça fait partie du processus et qu'il faut continuer d'avancer. Comme le dit si bien le président de l'Association de karaté shotokan, Gaston Fortin: « L'échec, ce n'est pas de poser un genou au sol. L'échec survient réellement quand on abandonne.» Comprendre cette importante différence diminue quelque peu le sentiment de culpabilité et de honte qui terrasse l'emprisonné quand il retombe dans le piège, et cela l'aide aussi à revenir demander du soutien lorsqu'il se sent de nouveau prêt à cheminer.

Quand j'ai rencontré Jacques, l'homme en couple avec la femme mariée et jalouse, j'ai prévenu Marc, l'un de ses garde-fous, des récidives à venir. L'objectif était de prévenir sa réaction, de diminuer sa déception, d'augmenter sa capacité à vivre ces revers avec plus de sérénité et lui permettre de se préparer à accueillir son ami de façon plus adéquate, plus aidante. Un ami qui traverse une mauvaise passe, c'est dérangeant, mais un ami qui se replonge lui-même dans cet enfer qu'est l'emprise, c'est révoltant.

PRINCIPE 39

Agissez de façon honorable. Adoptez une attitude vous permettant d'exprimer votre déception sans vous accrocher à celle-ci. Lâchez prise sur les décisions des autres. Ayez un comportement digne de vous. L'enfant que vous étiez serait-il fier de vous voir agir ainsi?

3. Le soutien psychologique

Sortir d'une relation sous emprise demande de l'énergie. Plus vous attendez, plus vous vous enfoncez et plus ça va vous demander de la volonté pour émerger. Et plus les séquelles risquent de perdurer. C'est donc un atout important de faire appel à un professionnel tel qu'un psychologue pour ne pas tomber dans les pièges tendus par l'emprisonneur et pour garder le cap sur ce que vous voulez réellement sans vous laisser manipuler. Cela peut sembler tellement facile de se protéger de l'emprisonneur quand on ne vit pas l'emprise et quand on n'est pas envahi, mais une fois dans la relation infernale, tous les points de repère s'envolent et le raisonnement est altéré. L'esprit est perdu dans le brouillard et ne trouve plus son chemin habituel. Le professionnel, contrairement aux amis et à la famille, demeure objectif et neutre. Il a l'expertise pour vous guider dans votre cheminement sans porter de jugement, en se basant sur des connaissances et des expériences concrètes, et non pas uniquement sur son propre vécu.

PRINCIPE 40

Avoir un mentor, suivre une thérapie, demander l'aide d'un expert, c'est s'offrir une occasion en or de cheminement structuré, efficace et harmonieux.

4. La mise à distance

Si on reste près de l'emprisonneur, ce dernier finira par trouver une faille. Il réussira son coup, ce n'est qu'une question de temps. Il piégera l'emprisonné à l'usure. Croire que l'on peut rester ami avec un emprisonneur, c'est très mal jauger le prédateur et surestimer ses propres moyens de protection. L'emprisonneur ne relâche pas sa vigilance, il ne fait qu'endormir la vôtre. Prenez vos distances et maintenez-les. Non, la relation d'amitié ou d'affaires n'est pas possible. Ce n'est pas d'un différend dont il s'agit, mais d'un trait de personnalité ancré chez l'autre et que vous ne pouvez aucunement changer. Éloignez-vous. C'est urgent! Affirmez ouvertement mais stratégiquement vos distances afin que votre entourage connaisse votre position. Ne tombez jamais dans la diffamation, car cela se retournerait contre vous. Mais affichez vos couleurs. Il sera alors plus difficile pour l'emprisonneur de vous atteindre en passant par un proche.

PRINCIPE 41

Votre protection devrait être une priorité. Dans un avion, on vous donnera la consigne de mettre le masque à oxygène avant de le mettre à votre enfant parce que si vous perdez conscience, vous ne pourrez plus le protéger. Il en est de même au quotidien. Prenez soin de vous si vous voulez être en mesure de prendre soin de vos proches.

5. La sourde oreille

Soyez sourd aux belles paroles de l'emprisonneur, ce n'est que du venin. Cessez de croire qu'il va changer ou même qu'il a déjà changé après seulement quelques jours. C'est une illusion, de la poudre aux yeux. Dès qu'il use de stratégies de communication pour vous attirer dans son piège, repoussez les avances de façon très claire.

En affaires, l'emprisonneur ne s'engage pas dans une action concrète, c'est-à-dire qu'il ne se commet pas, ne travaille pas réellement sur les dossiers, ne met pas la main à la pâte, mais il présente de belles promesses: amenez-le à dire concrètement ce qu'il compte accomplir et quand il s'exécutera. Devant les témoins, il sera mielleux et convaincant. Restez sourd et utilisez à votre avantage cette manie de laisser croire en public qu'il va agir pour l'amener à prendre des décisions avec un plan d'action et un échéancier. Il ne sera capable de respecter sa parole que pour un court laps de temps. Le naturel reviendra au galop. Ne lui laissez aucune porte de sortie. Puisqu'il est flou, obligez-le à clarifier sa pensée sans que vous finissiez ses phrases à sa place dans votre tête. Il s'égare dans son sujet pour vous faire perdre le fil: demandez-lui de revenir à l'essentiel. Vous n'avez pas de temps à perdre. Il vous susurre des compliments à l'oreille, ne laissez rien passer: qu'il garde ses louanges pour sa conjointe. Mettez fin aux discussions rapidement et, si cela est possible, évitez les conversations sur votre relation: celle-ci n'existe plus, point final!

Dites-vous que c'est comme avec un enfant: il importe d'être constant et cohérent, il faut donc taper sur le même clou encore et toujours. C'est le principe du disque rayé: répéter, répéter et encore répéter le même message calmement mais fermement. «C'est non, je refuse. C'est terminé.»

Très souvent, les conseillers suggèrent de répondre à l'emprisonneur: «Je comprends, mais c'est non.» Je vous suggère plutôt la formulation suivante: «J'entends ce que vous me dites, mais je refuse. » Je préfère « entendre » à « comprendre » parce que, dans le verbe « comprendre », il y a « prendre ». Ce qui implique que vous prenez sur vous le raisonnement de l'autre, que vous le faites vôtre et qu'il a une valeur, un poids, que vous lui donnez votre assentiment. Parce que « comprendre » implique qu'il y a une logique à saisir et donc une légitimité. C'est ainsi que l'inconscient de l'emprisonneur l'enregistre, même si ce n'est pas ce que vous voulez dire. Dans « entendre », il n'y a pas cette connotation de préhension ni de valeur accordée aux propos de l'autre.

PRINCIPE 42

En chacun de nous vit cette petite voix négative dans notre tête, ce saboteur de potentiel, ce dénigreur qui ne cesse de nous rappeler nos erreurs, nos défauts et nos échecs. Mais il y a aussi cette autre voix qui croit à l'impossible et qui rêve d'une vie meilleure. Nourrissez cette voix, car, que vous choisissiez la noirceur ou la lumière, dans les deux cas, la vie vous donnera raison!

6. *La force du focus*

Quand on réalise notre inconfort devant une relation ou une situation, cela génère une certaine instabilité émotionnelle. Or, pour taire ce malaise et limiter l'influence de l'emprisonneur, je vous propose d'élaborer un plan d'action de vos rêves et objectifs. Après tout, l'emprisonneur a réussi à vous faire dire « oui », à vous embarquer dans le début de sa partie parce qu'il a ciblé en vous quelque chose à utiliser (un but non atteint) ou une force que vous avez et qui lui manque. S'il s'agit d'un objectif, je vous suggère les exercices de Jack Canfield[29]. Tout d'abord, élaborez une liste de cent un objectifs de vie à réaliser et couvrant tous les plans

29. J. Canfield, *Le succès selon Jack,* Éditions Un monde différent, 2005, 576 pages.

(professionnel, loisirs, santé, finances, amour, amitié, développement personnel). Vous allez probablement avoir quelques blocages en cours de route. C'est normal. Persévérez. Cela peut nécessiter plusieurs semaines avant que vous parveniez à compléter la liste.

Parallèlement à cet exercice, établissez une liste de vingt activités que vous adorez réaliser et une autre de trente rôles que vous aimez jouer. Personnellement, dans le premier cas, il s'agissait de marche en forêt, de lecture, de rédaction de romans, d'animation de conférences ou de formations, de synergologie, *etc.* Dans le second, j'avais indiqué aimer le rôle-conseil, le rôle de mère, d'instructeur de karaté, de conjointe, d'auteure, de conférencière, d'amie, *etc.* L'idée est de mettre en lumière ce qui vous fait sentir bien et vous permet de vous épanouir. Identifiez trois activités que vous voulez réaliser cette année et les moyens pour y parvenir.

Ensuite, déterminez deux qualités dominantes chez vous ainsi que la façon dont celles-ci s'expriment dans votre quotidien, comment elles sont visibles ou comment elles sont utilisées concrètement. Enfin, en fonction de ces deux qualités prédominantes, commencez à décrire votre raison d'être, la raison pour laquelle vous êtes ici-bas. Par exemple, personnellement, ma raison d'être s'illustre ainsi : je me sens vraiment vivre quand j'utilise ma compréhension pour coacher, conseiller et enseigner efficacement à ceux qui en font la demande.

7. Les différents angles

Voici différents angles d'approche potentiels lorsqu'on souhaite intervenir auprès de quelqu'un qui est dans une relation dans laquelle l'emprise commence à s'instaurer sans avoir atteint son paroxysme. Nous ne sommes donc pas dans la gestion de crise nécessitant une défense à toute épreuve, mais plutôt dans la protection et le repli stratégique.

L'angle de la verbalisation du malaise

L'angle de la verbalisation du malaise est probablement le plus important et, en même temps, celui qui demande le plus d'efforts. Tout comme c'est le cas des angles de la logique, émotif et des symptômes, énumérés au précédent chapitre, l'idée est de nommer les faits.

Cependant, la particularité de la situation de protection se situe dans le fait qu'il ne s'est rien produit de grave et de tangible. Nous sommes davantage dans un univers de flou, de perception, de ressenti, de léger dérangement, voire de sensation de déjà-vu. L'emprisonné n'a pas le sentiment d'être menacé, surveillé, envahi ou perturbé. Il n'y a pas d'événements majeurs auxquels il puisse s'accrocher et à partir desquels structurer son discours. Il est inconfortable sans pouvoir dire pourquoi, mais il ressent un malaise persistant.

Avec de l'aide et un climat de confiance, il racontera des incidents bénins. Ce sont des détails qui, pris individuellement, peuvent sembler insignifiants et anecdotiques, mais, une fois rassemblés, ces «petits riens» tracent un portrait étrange. Pour un œil averti, ils témoignent des éléments du piège qui se referme tranquillement.

Ces épisodes, apparemment sans importance, démontrent une récurrence, une fréquence, un cycle. Ils sont dérangeants. Bien analysés, ils permettent de voir la manipulation de la pensée qui s'opère. Par exemple, je me souviens d'un dirigeant qui, devant des témoins, m'avait demandé ce que mon intégration au sein de son réseau m'avait apporté et il avait lui-même répondu en s'adressant à moi et en vantant les mérites de son organisation! Il me mettait ainsi des mots dans la bouche en cherchant à me donner l'impression qu'il ne faisait que répéter mon point de vue. J'avais vite recadré en indiquant qu'il existe différents réseaux qui, somme toute, peuvent s'équivaloir, mais qu'il faut être capable de tirer son épingle du jeu, se présenter, se distinguer et faire sa marque.

Au cours de cette soirée, le dirigeant a reproduit le même manège avec trois autres invités qui, eux, ont bu ses paroles et se les ont appropriées pour ensuite les répéter comme si elles venaient vraiment d'eux. Seul mon conjoint, présent lors des faits, avait saisi ce qui était en train de se produire. Somme toute, le dirigeant n'avait rien fait de mal. Il avait utilisé une technique de vente connue consistant à conforter le client dans son choix, mais mon conjoint et moi-même sommes repartis avec ce sentiment de malaise. Au bout de quelques mois, nous avons observé tant de détails similaires qu'il nous était devenu évident que nous avions affaire à un emprisonneur. Et les emprisonnés étaient nombreux.

Le malaise si difficile à identifier est le point crucial sur lequel il faut miser avec l'emprisonné : dans quelles situations apparaît-il? S'accompagne-t-il de colère, de tristesse, de mépris, de honte, de doute? À quelle fréquence est-il vécu? Est-il cyclique? Est-ce que ce sont les propos qui dérangent? l'attitude? le non-verbal? ou le contexte dans lequel se produisent certains incidents? Toutes les informations sont importantes pour l'instant. Prenez des notes, préférablement de façon chronologique pour être en mesure d'évaluer par la suite si la spirale de l'emprise se resserre.

À la page 141, vous trouverez une histoire qui décrit bien ce qu'est l'angle de la verbalisation du malaise.

L'angle des liens

L'angle des liens cherche à faire des rapprochements avec d'autres situations vécues antérieurement ou par l'entourage afin de voir s'il y a des similitudes et en tirer des leçons. Pour ceux qui connaissent le personnage de Miss Marple, dans les romans d'Agatha Christie, la détective en herbe observe ses proches et ses voisins et, lorsqu'un crime est commis, elle fait des liens entre le comportement du criminel et celui d'une connaissance en raison des analogies entre les contextes initiaux. Cela lui permet de mieux comprendre la psychologie du fautif et de voir venir les événements ultérieurs prévisibles en raison de la répétition d'un *pattern*.

Se sentir redevable

Sortie récemment d'une relation désastreuse, une amie, que nous appellerons Nadine, avait commencé à fréquenter un collègue. Il était plein d'attentions envers elle. Très rapidement, il lui avait demandé de venir emménager chez lui avec ses enfants. Il lui payait plein de trucs, subvenait à ses besoins et veillait sur elle. Ils partageaient les frais. Comme elle avait un maigre salaire comparativement au sien, elle était financièrement dépendante de lui. Il avait trouvé la faille: l'argent! C'était subtil puisqu'en apparence tout allait pour le mieux. Cependant, elle avait l'impression de lui être redevable, alors elle s'occupait de ses enfants à lui, même s'ils étaient irrespectueux envers elle. Comme c'était lui qui payait, elle le laissait choisir le restaurant, le film, l'activité. Elle s'oubliait peu à peu.

Mais une angoisse la rongeait et lui faisait prendre du poids sans qu'elle parvienne à nommer son malaise. Il lui a fallu deux heures pour réussir à me dire qu'elle n'était pas certaine que c'était le grand amour, mais elle se sentait coincée dans cette vie où elle ne faisait pas de choix. Partir signifiait retourner vivre dans des conditions très précaires, être financièrement appauvrie et gérer une rupture difficile. Nadine ne s'en sentait pas la force. Plus elle restait chez lui, plus elle s'épuisait. Je l'ai fait ventiler, nommer tout ce qui la dérangeait pour ensuite lui permettre d'exprimer par elle-même des conclusions sombres, certes, mais réelles et explicables. Nous avons ensuite déterminé quelques pistes d'action à explorer pour améliorer graduellement son sort.

Un psychologue aidera à faire le pont entre le présent et les relations parentales, par exemple. Et ce sera très utile pour mieux comprendre la dynamique qui est en train de se mettre en place. En effet, selon les recherches, 80 % des familles sont dysfonctionnelles. C'est donc dire que plusieurs comportements appris et mécanismes de défense développés sont inappropriés. Or, les emprisonneurs ont une grande capacité à les cibler et à les utiliser. Le travail avec le psychologue permettra de cerner ces «bibittes» non résolues, de travailler sur celles-ci et de favoriser la reconnaissance des émotions, leur verbalisation et leur gestion. Il aidera aussi à accroître la capacité d'affirmation. Ces habiletés sont essentielles pour sortir des griffes d'un emprisonneur et elles ne se développent pas toutes seules comme par magie.

Demandez à l'emprisonné si son ressenti lui rappelle un vécu avec un ex-conjoint, un collègue, un ami. L'objectif est de lui faire prendre conscience qu'il ne veut pas retomber dans une relation sous emprise si c'est le même genre d'histoire qui est en train de se répéter. L'idée est aussi de l'aider à se remémorer les actions mises en place dans d'autres situations et les résultats obtenus afin de voir ce qu'il se sent capable de faire maintenant sans répéter les erreurs du passé.

L'angle du détachement

L'angle du détachement vise à mettre en lumière le fait que l'emprisonné n'a rien à perdre en ce moment s'il souhaite agir maintenant. Comme nous en sommes au début de la relation, il n'a pas fait de promesses, n'a pas pris d'engagements, n'a pas emménagé avec la nouvelle flamme, n'a pas investi de sommes importantes, *etc.* Il est donc beaucoup plus aisé de prendre ses distances. Faites-lui reconnaître à quel point il s'est aventuré avec l'emprisonneur et, par ricochet, amenez-le à prendre conscience de toute la latitude qui lui reste parce que, étant donné qu'il est impliqué émotionnellement dans la situation, il est fort probable qu'il voie bien jusqu'où son bras s'est pris dans le tordeur, mais pas forcément la relative facilité avec laquelle il peut en sortir. Il se sent coincé.

Sa propre valeur

Un homme, que nous appellerons Serge, souhaitait que je fasse partie de son équipe de conférenciers. Pour rendre la promotion de mes conférences plus attrayante et professionnelle, il voulait tourner une vidéo corporative et me coacher pour peaufiner mes capacités d'animation alors qu'il ne m'avait jamais vue donner une conférence, le tout pour la modique somme de 3600 $ plus taxes, bien sûr. Je suis repartie avec un doute quant à mes propres capacités de conférencière : y avait-il des défauts et des erreurs dans ma façon d'être que je ne voyais pas?

Je souhaitais depuis plusieurs mois me trouver un mentor et avoir une vidéo corporative. Le représentant l'avait bien compris. J'ai donc appliqué à moi-même ce que je suggère à mes clients : j'ai utilisé mes garde-fous. J'ai parlé à mon conjoint, qui m'avait vue bien des fois en conférence, à une autre conférencière, à mon amie psychoéducatrice, qui savait quels objectifs de carrière je m'étais fixés, ainsi qu'à un conseiller en ressources humaines. La conférencière m'a informée qu'elle avait reçu la même offre qu'elle a refusée. La firme ne lui avait apporté que deux maigres mandats. Mon amie psychoéducatrice m'a confortée dans mes capacités à enthousiasmer les foules. Enfin, mon conjoint et mon conseiller m'ont aidée à mettre en lumière les besoins du représentant : il avait besoin d'argent, il avait cerné mon propre besoin (mentor et vidéo), mais il ne présentait pas les caractéristiques permettant de croire qu'il pouvait m'amener plus loin dans mon développement professionnel.

Et si je raconte cette anecdote, c'est justement pour démontrer à quel point l'emprise s'instaure de façon sournoise. J'étais incertaine après ma rencontre avec le dirigeant. J'espérais une réponse à mon besoin et il avait très bien su me dire ce que je voulais entendre, soit faire miroiter le potentiel de cette entente, mais il y avait cette petite voix dans ma tête qui me mettait en garde, ce malaise qui me créait une boule dans l'estomac.

Quand on est sur la bonne voie, on se sent plein d'énergie. On a l'impression que l'on peut déplacer des montagnes, même si le défi est de taille. Dans la relation sous emprise, il y a ce doute, cette incertitude, ce stress, ce petit doigt qui s'élève, cet autre moi qui souffle à l'oreille que quelque chose cloche. C'est ce malaise qui m'a alertée.

Comme je suis synergologue, experte en non-verbal, j'ai vu mon propre corps se raidir, se mettre en mode vigilance. Lorsque j'ai décrit la rencontre à mon conjoint, j'étais anxieuse de voir sa réaction. Pourquoi donc, si ce n'est parce que je savais, au fond de moi, que c'était un mauvais chemin! Mes gestes étaient rigides et rectilignes au lieu d'être souples. Je sentais mes muscles se contracter au niveau des épaules et du cou. Mes jambes restaient croisées. Mes doigts demeuraient entrelacés. Mon inconscient savait que la situation n'était pas saine et mon propre non-verbal me le traduisait très clairement.

L'angle de la diversion

L'angle de la diversion porte un titre étrange mais évocateur. Comme l'univers a horreur du vide et qu'un emprisonné a de la difficulté à sortir l'emprisonneur de sa tête et a tendance à retourner vers lui, je vous suggère d'orienter l'esprit de l'emprisonné vers un projet plus constructif. Ainsi, une fois que l'emprisonné réalise qu'il était en train de s'engouffrer dans une relation sous emprise et qu'il a identifié son besoin non comblé, faites-lui identifier comment il peut répondre lui-même à son besoin. Il doit occuper ses pensées, sinon il va se mettre à réfléchir et à se torturer. Consciemment, faites-lui déterminer ce sur quoi il va se concentrer. Jacques écoutait en boucle un livre audio dès qu'il se sentait faiblir et il consacrait son temps à la rédaction d'un rapport important. Personnellement, j'ai repeint quelques pièces de la maison et j'ai rédigé un roman. Mon amie en dépression s'est jetée dans la décoration de sa nouvelle maison. Bref, l'idée est de s'occuper l'esprit le temps que le «rush» passe, créer une diversion volontaire pour traverser le pire de la période de sevrage.

Dans le cas de Suzanne, la dame qui avait été approchée pour investir une somme substantielle dans un projet, elle a opté pour l'inscription à une formation qui l'intéressait depuis un bon moment et qui comblait les heures «vides». Elle a aussi utilisé une partie de ses fonds dans des placements à faible risque.

PRINCIPE 43

Devenez le capitaine de votre vie et le réalisateur de votre scénario. Les regrets sont des boulets que vous trainez. Libérez-vous en prenant réellement du temps pour réaliser vos rêves, vous développer, apprendre, cheminer.

8. Les obstacles

Malgré votre bon vouloir et même si vous n'êtes pas dans une situation critique, vous allez rencontrer des obstacles. Certains ont déjà été relatés dans le chapitre précédent et peuvent survenir ici aussi, mais, à ces derniers, j'ajoute quelques éléments supplémentaires qu'il est pertinent de connaître.

L'absence d'urgence d'agir a quelque chose d'angoissant. Comme il n'y a pas de drame, l'emprisonné ne se sent pas justifié d'agir, de se plaindre, de critiquer ou de se révolter. Il se dit qu'il s'en fait pour rien, et quand il tente d'expliquer son malaise, il se rend bien compte qu'il ne parvient pas à trouver d'éléments concrets réellement problématiques. Ses exemples sont flous et manquent de substance. La situation n'est pas clairement menaçante. Nous ne sommes pas dans le blanc ou le noir, mais définitivement dans des nuances de gris.

Le besoin de plaire et de s'intégrer rend vulnérable. Ne voulant pas être rejeté du groupe et ne sachant pas encore quelle est l'influence réelle de l'emprisonneur sur vos pairs, il vous sera plus difficile de jauger l'impact d'un refus sur votre intégration professionnelle. Vous êtes sur le terrain de l'emprisonneur. Il vous faudra donc rapidement apprivoiser le milieu afin d'avoir une vision plus juste des relations interpersonnelles, des clans et des conflits latents.

Le pied dans la porte est une technique de vente très utilisée qui consiste à vous faire dire «oui» très rapidement face à des questions anodines afin d'influencer votre cerveau et l'amener à répondre positivement aux demandes plus exigeantes. La difficulté rencontrée par l'emprisonné dans la situation de protection réside justement dans le fait qu'il a commencé à dire oui. Il ne s'est pas trop commis et n'a pas encore sorti son portefeuille, donné sa clé de maison, *etc.*, mais il a acquiescé à des demandes et se sent coincé dans un processus, une envolée.

Le dirigeant qui voulait tourner une vidéo et me donner du coaching n'a évidemment pas commencé son laïus avec ses propositions onéreuses. Il a débuté en me demandant de lui exposer l'introduction de ma conférence, debout devant lui, sans autre spectateur afin de connaître mon style. Cette stratégie avait pour objectif de générer volontairement un stress de performance en plus de m'amener tout de suite en dehors de ma zone de confort, car dès que j'ai acquiescé à sa demande, je suis entrée dans son processus. Ne pas le faire aurait lancé un message de méfiance. Il aurait alors refermé immédiatement la porte en douceur pour donner l'impression que l'opportunité venait d'être gâchée et ainsi susciter chez moi de la culpabilité d'avoir raté l'occasion. La seconde étape était de créer un soulagement. Il a donc enchaîné en me faisant des compliments sur mon grand potentiel, mais en semant l'idée qu'il pourrait m'aider à aller plus loin. Il se donnait ainsi un rôle de sauveur ou de coach. Ensuite, l'emprisonneur doit consolider le sentiment de l'emprisonné selon lequel ce dernier est au bon endroit. L'emprisonneur va donc faire miroiter les clients à venir, les portes qui pourraient s'ouvrir, les avenues possibles, *etc.* Et, à chaque fois, il va demander à l'emprisonné si cela l'intéresse, si cela correspond à ses attentes, *etc.* À chaque «oui», l'étau se resserre. Les réponses sont faciles à donner, l'emballement augmente, le mouvement s'accélère. Et quand arrive la question plus engageante, l'élan étant donné, il est difficile à réfréner!

PRINCIPE 44

Les épreuves sont des moyens que la vie vous offre pour vous dépasser. Il ne faut donc pas les voir comme des catastrophes, mais simplement comme des opportunités de dépassement.

Le saviez-vous ?

Faux souvenirs

Il est possible de fabriquer des souvenirs. Rappelons deux cas. Le premier souvenir d'enfance de Jean Piaget, biologiste et épistémologue, est la tentative d'enlèvement dont il avait fait l'objet à l'âge de deux ans. Il se rappelait être assis dans son landau pendant que sa gardienne luttait contre le kidnappeur et se faisait griffer au visage, jusqu'à ce qu'un gendarme portant une courte cape se lance à la poursuite du malfaiteur, sa matraque blanche à la main. L'histoire avait été corroborée par la gardienne, la famille et d'autres personnes. Treize ans plus tard, la gardienne avoue qu'elle a tout inventé. Jean Piaget a dû entendre le récit auquel ses parents croyaient et l'a projeté sous la forme d'un souvenir visuel!

Elizabeth Loftus a quatorze ans lorsque sa mère se noie dans la piscine familiale. Le dernier souvenir qu'elle a d'elle avant l'accident est une parole d'amour maternel. Trente ans plus tard, un membre de la famille lui dit que c'est elle qui a découvert le cadavre. Elle était persuadée que c'était sa tante. Peu à peu, des souvenirs lui reviennent. Elle comprend mieux son intérêt pour l'étude de la mémoire. Puis son frère lui annonce que l'on s'est trompé, que c'est bien sa tante qui a découvert le drame. Plusieurs témoins le confirment. Loftus est déçue, elle s'était attachée au scénario inventé, cohérent, qui avait rempli le vide angoissant des souvenirs obscurs.

Source: Observatoire Zététique, 7 décembre 2008

学ぶ

APPRENTISSAGES : VOIR VENIR

Le meilleur des combats est celui que l'on évite.
– Gichin Funakoshi

Vous avez déjà subi les affres d'un emprisonneur et vous ne voulez surtout pas retomber dans le piège? C'est normal et même sain. Examinons ensemble ce qui attire un prédateur et pourquoi on se jette dans la gueule du loup. Après cette lecture, vous ne pourrez probablement pas échapper à tous les emprisonneurs, soyez-en conscient, mais vous saurez mieux les reconnaître afin de vous en éloigner rapidement sans être trop affecté.

Il m'arrive parfois d'en trouver parmi mes nouveaux clients puisque certains cherchent à demander faussement conseil. Dans la réalité, ils veulent surtout écraser quelqu'un d'autre et pensent être en mesure de m'utiliser pour ce faire. Ils croient être capables de manipuler quiconque, y compris une experte en non-verbal. C'est bien mal connaître la synergologie.

Ce sont toujours des mandats délicats. J'en accepte peu. Mon rôle est alors de donner un avis extérieur qui s'applique à toutes les personnes présentes et qui vise une amélioration de la situation. L'emprisonneur est accompagné de l'emprisonné qu'il veut diminuer. Je sais fort bien que je ne peux pas changer un emprisonneur. Il n'y a rien à faire pour cela. Mais je peux peut-être semer une graine pour l'emprisonné. Peut-être mon intervention l'aiderait-il à sortir de cette relation sous emprise. Une fois le conseil donné, je m'assure de m'éloigner de l'emprisonneur. Cela implique de ne pas tomber dans le piège de ses tentatives de confrontation. Car même s'il ne trouve rien à redire, sur le coup, à mes conseils choisis avec soin, après un certain délai, généralement de sept à dix jours, il enverra un courriel pour signifier son désaccord et tenter de me faire douter de moi, au passage. Son collègue pour lequel il demande conseil est forcément un fraudeur, sa conjointe est assurément une menteuse, son beau-fils est sûrement de la mauvaise herbe. Bref, l'emprisonneur ne croit personne d'autre que lui et il critiquera quiconque ne dit pas comme lui.

1. Le besoin non comblé

Le secret d'un bon emprisonneur, c'est d'identifier chez vous le besoin qui n'est pas comblé, le rêve inassouvi, le besoin d'adrénaline, bref, ce qui vous manque. Se pourrait-il que, dans les semaines ou les mois précédant le développement de la relation sous emprise, vous ayez eu envie de vous sentir vivant, de changer certains aspects de votre vie? Vous sentiez-vous pleinement épanoui? Faisiez-vous ce que vous aimiez dans la vie? Étiez-vous rendu à la croisée des chemins? Aviez-vous fait le tour du jardin? Aviez-vous confié à l'emprisonneur vos rêves de jeunesse, ce que vous aimeriez faire une fois à la retraite, ce cours que vous suivrez un jour, cette autre vie que vous auriez si votre portefeuille était mieux garni? L'emprisonneur cherche les opportunités de chasse.

Reconnaissez vos besoins d'adrénaline, vos élans créatifs réfrénés, votre désir de dépassement, votre goût de l'aventure. Ceux-ci sont importants et ont attiré le regard d'une personne mal intentionnée, non pas parce qu'ils sont mauvais, bien au contraire, mais bien parce qu'ils ne trouvaient pas de réponse en vous. Soyez donc à l'écoute de vos rêves. Quand la vie devient morne, le besoin de «vivre» une histoire, de se sentir passionné, emballé par un projet ou une aventure remonte à la surface.

Évidemment, il y a des emplois moins passionnants et des relations qui ne vous font plus ressentir la fébrilité du début. Il est possible que votre existence ne corresponde pas à vos attentes. Dès maintenant, prenez le temps de vous demander si vous êtes coincé dans une relation conjugale insatisfaisante, si vous avez envie de reconnaissance, de vous sentir utile, apprécié, aimé, désiré. Souhaitez-vous modifier votre destin, opérer un changement majeur, démarrer un projet?

Ciblez vos besoins non comblés actuellement, ce qui vous procure de l'adrénaline, ce qui vous a stimulé au début, ce que l'emprisonneur a réussi à faire résonner en vous. Ces rêves que vous avez sont précieux. Prenez le temps de leur accorder de la place, de les lister, d'identifier ce que vous voulez vraiment et de planifier leur réalisation. Plus vous vous réaliserez, moins vous serez intéressant pour un emprisonneur puisqu'il ne saura pas par quelle faille vous atteindre.

Encore une fois, vous n'avez pas «cherché» l'emprisonneur. C'est lui qui est venu à vous. Vous avez prêté le flanc bien involontairement, mais qui n'a pas de rêves non comblés? L'emprisonneur aime dominer. Cela fait partie de sa dynamique relationnelle. Et il le fait depuis un bon moment. Il est donc habitué à déceler les «opportunités».

Toute situation qui lui donne une moins bonne image de lui peut le pousser à présenter ces réactions emprisonnantes et il recherche les gens sur lesquels il pense avoir le dessus. Cette emprise lui permet de se sentir vivant. Par conséquent, même si vous pouviez aseptiser son entourage et rendre tout le monde uniforme, sans couleur, sans caractère unique, cela ne règlerait rien. Il y aurait d'autres éléments déclencheurs, tout simplement parce que la source de sa difficulté réside en lui. Ce n'est pas l'environnement qui provoque ses réactions, c'est sa structure personnelle. Et il crée des circonstances qui lui permettent de se mettre en valeur.

Ne plus être vous-même, vous effacer, réduire votre enthousiasme, taire vos réussites, c'est lui donner le champ libre. Ce n'est pas l'affaiblir ou diminuer son envie d'écraser, c'est juste lui permettre d'avoir les coudées franches, lui donner raison et gonfler son ego déjà bien proéminent. Il aurait encore plus l'impression qu'il peut dominer son entourage. Ne faites pas cette erreur, vous vous perdriez. L'idée est de vous protéger, pas de devenir le fantôme de vous-même.

PRINCIPE 45

Si vous ne vous permettez pas d'être vous-même, personne ne le fera pour vous. C'est à vous seul de prendre votre place, de jouer votre rôle, d'être vous-même.

2. *La prospérité*

Qui n'a pas un jour imaginé devenir millionnaire, ne plus être obligé de travailler, rêvasser sur la plage en sirotant un verre en agréable compagnie? Ce rêve de la prospérité, de la facilité, de la distinction sans effort est courant et tellement tentant pour l'emprisonneur! Mais en connaissez-vous des gens qui sont devenus riches du jour au lendemain sans avoir gagné à la loterie ou sans avoir hérité d'un parent fortuné? Non, ça n'existe pas! La richesse est généralement le fruit d'un dur labeur conjugué avec un sens du «timing».

La plupart des premiers investisseurs dans le secteur des nouvelles technologies perdent leurs investissements, car les projets ne se déploient jamais comme prévu ou meurent dans l'œuf. Ceux qui y gagnent vraiment au change ont dû s'impliquer dans le développement et la production du produit, dans sa mise en marché ou dans le déploiement du réseau de clients potentiels. Ils ont développé une expertise enviable en travaillant d'arrache-pied. Il n'y pas de grands secrets dans la réussite: ça prend une idée, une vision claire, cohérente et intelligente; des actions sensées, efficaces et humaines; une capacité à voir et à saisir les opportunités; une foi inébranlable; le développement continu de compétences, une bonne gestion des pensées et des émotions; une attitude de gratitude, une volonté de fer et une grande persévérance. La facilité n'est pas un gage de réussite. Donc, si on vous promet que vous allez faire de l'argent facilement, méfiez-vous! Le piège est énorme, mais l'enrobage (les belles paroles) peut endormir bien des vigilants!

Évidemment, si vous êtes las de votre vie et qu'un bel inconnu qui semble organisé, expert et sérieux vous présente un projet bien monté, alors il est probable que vous vous demandiez, au fond de vous, si ce n'est pas la chance de votre vie. Les pièges ne sont pas tous grossiers.

Voici un message reçu par courriel récemment et qui est un exemple type de tentative d'escroquerie très facile à déceler. Il est bien réel et n'a pas été modifié. Mais si ce genre de message est encore envoyé de nos jours, c'est tout simplement parce qu'il y a encore des gens qui se font prendre au jeu:

Cher(e)

Je sais que mon message va vous paraître quelque peu insolite, mais ayez confiance car je suis une personne honnête. Je voudrais que vous y prêtiez une attention particulière, car le grand humaniste -----~~XXXXXX~~---- nous a enseigné que «nul n'a le droit d'être heureux tout seul».

Je suis Mme. Dominik GILLARD CATHERINE de nationalité française. J'ai résidé il y a quelques temps au Benin suite à des affaires florissantes que j'ai entreprises dans le domaine agricole et dans le textile. Ce qui m'a permis de bénéficier d'importants fonds évalués à ce jour à la somme de SIX MILLIONS TROIS CENT DIX HUIT MILLE

(6.318.000,00 Euros) qui sont présentement stockés dans un compte bloqué d'une institution financière basée au Benin. Je suis actuellement en observation dans une clinique d'où je vous écris ce message.

Je souffre malheureusement d'un terrible cancer de l'utérus qui est en phase terminale, c'est-à-dire que je suis condamné à une mort sûr et certaine. Mon médecin traitant vient même de m'informer que mes jours sont comptés du fait de mon état de santé dégradé. Or ma situation est telle que je n'ai ni mari, ni enfants ni proches à qui je pourrais léguer mon héritage (ces fonds).

C'est pour cela que je voudrais de façon gracieuse et dans le souci d'aider les démunis, vous léguer ces fonds afin de vous permettre d'édifier une Fondation qui portera mon nom. Je vous prie de bien vouloir accepter cette offre pour ne pas que mes avoirs deviennent systématiquement la propriété du gouvernement du Benin. Dès réception dudit message, je vous prie de bien vouloir me contacter de toute urgence avec toutes vos coordonnées pour me permettre de vous mettre en contact avec le notaire qui s'occupera de la procédure de cette donation et du transfert de mes fonds auprès de vous.

Je compte dès lors sur votre promptitude et surtout je vous demande de faire un bon usage de ces fonds quand ils vous seront transférés et mis à votre disposition.

Que DIEU bénisse Notre Collaboration.

Cordialement.

Ainsi donc, le message fait miroiter une richesse à gérer. L'appât du gain, la cupidité et l'insouciance en feront certainement flancher quelques-uns. Or, dans l'emprise, surtout au niveau professionnel, l'argent revêt un caractère primordial.

Un planificateur financier m'a dit un jour qu'au Québec, quand on se fait flouer financièrement, on a honte alors on ne porte pas plainte. On n'en parle pas. Résultat: bien des arnaqueurs ont le champ libre un long moment puisque personne ne se met en travers de leur chemin.

Dans une relation d'affaires sous emprise, c'est encore plus tordu parce qu'on ne vous fait pas seulement croire que vous allez devenir riche ou que votre fonds de pension sera bien garni. On vous fait sentir que seuls les «vrais», les «initiés», les «chanceux qui ont compris» vont en bénéficier. On ne vous fait pas seulement miroiter la richesse ou le confort. On vous fait croire que vous êtes plus intelligent que vos collègues, que vous méritez cette chance, que ce sont les autres qui n'ont pas saisi. Alors, vous n'en parlez pas, de peur de vous faire voler cette place privilégiée. Et si vous tardez à sortir votre chéquier, on questionne votre loyauté, votre degré de compréhension de la situation. On met en doute votre sens des affaires.

Peu à peu, l'emprisonneur va même parler dans votre dos, entraîner dans son sillon un nouvel emprisonné qui ne réalise pas encore ce qui lui arrive et celui-ci va vous dire que vous êtes passé à côté de la gloire. Si vous avez investi l'argent demandé, on vous trimbalera partout comme un trophée de chasse pendant un temps. On vous fera sentir important, puis, graduellement mais certainement, les communications et les rencontres vont s'espacer. Le poisson a mordu, il a été mangé. On retourne à la pêche pour en trouver un autre.

Si l'argent a pour vous une certaine importance, donnez-vous les moyens d'en avoir dans un domaine que vous maîtrisez et de bien le gérer. Instruisez-vous, prenez des cours, lisez sur le sujet, allez à des conférences. Rappelez-vous cet homme, Pascal, présenté par une amie, qui croyait devenir riche en jouant au poker. Il ne connaissait encore rien à ce jeu et ne voulait pas étudier les parties des grands joueurs, ni se pratiquer ni lire les livres de stratégie. Non, un ami allait lui montrer des trucs qui le feraient gagner à coup sûr. Et le plus aberrant, c'est qu'il croyait à cette histoire! Cet homme qui cherchait une conjointe pour l'entretenir le temps de devenir millionnaire était lui-même sous l'emprise de quelqu'un qui lui avait promis des gains substantiels. Et, bien sûr, cette formation inédite avait un coût.

Si vous voulez réussir, identifiez votre passion et développez une réelle expertise dès maintenant. Mais n'attendez pas qu'un autre vous offre votre destin sur un plateau d'argent. C'est le sien qui est en jeu, pas le vôtre.

PRINCIPE 46

Les gens qui réussissent et qui atteignent des sommets se remettent en question continuellement. L'introspection est un signe de maturité, d'intelligence et d'adaptabilité. Le doute pousse au dépassement ou à la paralysie, selon l'ampleur que vous lui donnez et votre façon d'y réagir. À vous de choisir.

3. *La peur*

La peur prend bien des formes: peur de perdre, peur de ne pas se réaliser, peur de finir seul, peur de ne pas être apprécié, peur de ne pas être cru, *etc.* Vous souvenez-vous du premier film «Karaté Kid»? L'instructeur du dojo principal de la ville entraînait ses étudiants dans un climat de compétition, d'inhumanité, de mépris. Il scandait haut et fort: «La peur n'existe pas dans ce dojo!» Et tous ses élèves répondaient en bloc: «Non, sensei!» Or, quelle était justement l'émotion la plus présente dans le visage des karatékas? La peur! Peur de l'adversaire, peur de la douleur, peur de l'humiliation, peur de la défaite et peur des conséquences.

C'est la peur qui nous fait douter des autres et de nous-mêmes. Mais c'est aussi la peur qui nous fait plonger tête première dans un projet que l'on aurait mis de côté, en temps normal, si on avait pris un peu plus de recul. La crainte de faire une erreur, de manquer le bateau, de rater l'occasion justement parce qu'on n'a pas assez de courage, est mauvaise conseillère. Avant de prendre une quelconque décision, relativisez les faits. Ce projet représente-t-il vraiment ce que vous voulez maintenant?

Vos émotions vous appartiennent. L'emprisonneur les utilise, et ce, de façon fort efficace. Affrontez vos appréhensions, sinon elles grugent votre énergie et torturent votre esprit. Acceptez leur présence, nommez-les, verbalisez-les, extériorisez-les. Décrivez-les par écrit. Cela permettra de sortir ce trop-plein émotionnel et de calmer en partie le tourbillon de pensées négatives qui vous assaille. Faire semblant que la peur est absente est inutile. Elle ne ferait que prendre de l'ampleur dans l'obscurité. Dès qu'elle se pointe, réorientez votre esprit vers une pensée positive et constructive.

Quoi qu'il advienne, vous allez faire face, alors restez totalement présent dans cet instant, même s'il vous terrorise. Enveloppez-vous d'un halo de protection, visualisez-vous avec une armure que rien ne peut traverser. Inspirez profondément, expirez lentement et concentrez-vous sur l'atteinte des objectifs que vous vous êtes fixés vous-même. Lorsque vous avez besoin d'une dose de courage, ancrez l'amour en vous[30]. Faites remonter un souvenir agréable dans lequel vous vous êtes senti aimé de façon inconditionnelle. Emplissez-vous de ce sentiment, laissez-le vous envahir, vous entourer, vous traverser. Respirez cet amour jusqu'à ce qu'il soit plus grand que la peur.

---

30. B. Singer, *Maîtriser sa petite voix intérieure,* Performance édition, 2013, p. 179.

PRINCIPE 47

Le courage n'implique pas l'absence de la peur et encore moins son camouflage. Il s'agit plutôt de la capacité à cheminer avec elle! La peur est une sonnette d'alarme qui indique un danger et non un handicap.

4. *La solitude*

Ce sentiment qui nous habite tous à un moment ou à un autre de notre vie est l'un des terrains de jeu privilégiés de l'emprisonneur. La plupart des gens sont incapables de vivre la solitude avec sérénité et cela les rend vulnérables. Rappelez-vous cet ami que vous avez peut-être et qui passe d'une conjointe à l'autre sans trouver la bonne et sans prendre de temps pour lui entre chaque relation.

La solitude est une alliée qui permet de se retrouver, de faire le vide et de se ressourcer. Elle n'est nullement menaçante. Une amie m'a dit un jour qu'il vaut mieux vivre seul que mal accompagné et qu'il faut apprendre à apprivoiser la solitude, car ce n'est que lorsqu'on est véritablement bien avec soi-même qu'on peut être réellement bien avec quelqu'un d'autre.

PRINCIPE 48

Tout cheminement s'accompagne de moments de solitude. C'est dans le silence et la solitude que l'essentiel se perçoit.

Menteuse ou honnête?

Je me souviens de ce couple venu me consulter, appelons-les Claire et Gaétan. Gaétan était convaincu que Claire l'avait trompé à plusieurs reprises parce que, croyant connaître la nature profonde des hommes, il ne pouvait imaginer que sa femme n'ait pas attiré le regard de ses confrères et encore moins qu'aucun d'eux n'aient tenté de la séduire. Aussi, il la questionnait sans arrêt, doutant de sa parole, l'accusant de tous les maux et interprétant chacune de ses affirmations comme des semi-aveux.

Claire était épuisée par cette perpétuelle remise en question et les disputes qui s'ensuivaient. Le stress ravageait le visage de cette quinquagénaire qui n'avait pourtant rien fait. Mais Gaétan voulait qu'elle soit une menteuse, sinon, cela impliquait que le problème résidait dans son propre esprit, et ça, il ne pouvait pas l'accepter. Bien que brisée par les accusations répétitives, Claire ne voulait pas rompre. Elle voulait juste que Gaétan la croie enfin. La simple idée de se retrouver seule la terrorisait. Elle ne voulait surtout pas de cette solution, bien qu'il n'y en eût pas d'autres! Gaétan n'allait pas changer d'avis. Cela faisait déjà des années qu'il la soupçonnait et la harcelait pour qu'elle avoue. Il allait continuer. Peu importe les preuves qu'elle lui apportait, peu importe ce qu'elle faisait, ce n'était jamais suffisant, jamais probant à ses yeux.

J'ai demandé à Gaétan ce qui allait se passer si jamais elle admettait l'avoir trompé. Il n'y avait pas pensé! Ce qu'il voulait, c'était avoir raison et donner à sa femme les torts!

5. Le déni

Quel joueur de tour que le déni! Si vous avez déjà vécu une relation sous emprise, vous savez à quel point il est difficile d'en sortir et combien, au départ, vous avez fermé les yeux sur des signes révélateurs qui vous semblent évidents aujourd'hui. Rappelez-vous dans quelle mesure vous avez voulu croire à ce projet ou à cette relation. Vous refusiez d'entendre les conseils avisés vous incitant à plus de prudence, parce que le déni avait pris toute la place. Souvenez-vous bien de cette erreur fondamentale afin de ne pas la répéter.

Dès que vous vous croyez à l'abri de l'emprise, soyez assuré qu'elle ne se trouve pas bien loin. L'humain étant ce qu'il est, les joutes de pouvoir sont inévitables et récurrentes. La non-reconnaissance de vos besoins, de vos vulnérabilités, de vos erreurs, de vos manquements fournit des armes de plus aux emprisonneurs. En chaque être humain, il y a deux loups[31]: le bon et le mauvais. Et selon la situation, l'un ou l'autre peut se manifester. Vous-même avez un côté profiteur et un autre plus empathique. Il en est de même pour votre entourage. Faire confiance aveuglément vous expose à un risque et vous méfier de tout le monde attirera aussi à vous les individus qui ne sont pas dignes de confiance. Soyez simplement conscient qu'il y a du bon et du mauvais en chacun de nous. Et regardez-vous agir. Dès que vous niez totalement l'existence potentielle d'un piège, peut-être voilez-vous vous-même vos yeux, parce que vous n'aimez pas ce qu'ils pourraient voir!

PRINCIPE 49

Quand un avis est catégorique, c'est souvent pour cacher une ignorance, une incompétence, un malaise, mais rarement pour les bonnes raisons. La souplesse de l'esprit est un indicateur plus fiable de connaissance.

31. A. Boyer, *L'ange gardien du Samouraï,* Béliveau éditeur, 2013, 248 pages.

6. La fatigue et l'épuisement

Si vous êtes épuisé, vous êtes une cible facile. En effet, la fatigue modifie la chimie de votre cerveau, altère votre jugement, affaiblit vos défenses, réduit votre résistance, diminue votre repartie, ralentit votre réflexion et votre raisonnement. Une bonne hygiène de vie est une excellente protection. Parfois, dans le feu roulant de la vie, on ne prend pas conscience de sa fatigue ou des conséquences du stress.

Dans la médecine chinoise, il est coutume de relier les émotions aux dysfonctionnements des organes internes. Ainsi, si votre foie est engorgé, vous risquez de ressentir davantage de colère et d'agressivité et vice versa. Selon les acupuncteurs, la tristesse affecte les poumons, l'indécision dérange l'estomac et la peur touche les reins. Soyez à l'écoute de vos corps, il vous donne de nombreux indices sur votre état émotionnel réel. Si vous avez consulté sur une base régulière un massothérapeute, vous avez probablement remarqué que, lorsque le rendez-vous arrivait durant ou après une période de stress important, les tensions musculaires étaient plus présentes et douloureuses. Quand on vit un stress majeur, il arrive souvent que l'on perde davantage de cheveux dans la douche, que l'acné refasse surface, que l'on ait des rages de sucre, que l'insomnie se manifeste.

Or, rares sont les gens qui prennent réellement soin d'eux. La principale raison de la fatigue accumulée n'est pas extérieure à vous : c'est la piètre attention que vous accordez à votre corps! Mangez sainement, dormez selon un horaire régulier et faites de l'activité physique. Votre énergie en sera décuplée et vous parviendrez à accomplir beaucoup plus. Mais si vous absorbez trop de sucre, de gras, d'alcool, ne soyez pas surpris que votre cerveau fonctionne au ralenti, manque de concentration et ne vous donne pas le rendement que vous souhaitez! Et ne me dites pas que vous ferez de l'exercice quand vous aurez le temps; ce temps, c'est à vous de le consacrer pour vous-même. Il est difficile d'avoir un emploi du temps plus fou que le mien et, pourtant, je suis les conseils de mon entraîneur privé, Gabriel Sylla, et je fais mes exercices de musculation et d'aérobie comme il me le recommande. C'est quand je saute des séances que je perds en productivité! Pendant les longues périodes de rédaction, je prends des pauses karaté durant lesquelles je fais des enchaînements de mouvements pour activer la circulation et stimuler la respiration. Je reviens devant mon ordinateur «réveillée» et donc plus alerte. Lorsque je donne des conférences, je m'assure de boire de l'eau et je mange très légèrement pour que la digestion n'affecte pas ma vivacité d'esprit. Après l'activité, je mange des fruits, des noix et du fromage pour refaire le plein rapidement. Ce n'est pas le moment pour une poutine ou un hot-dog. Le corps a besoin d'être soigné avec respect en période de fatigue.

Principe 50

Votre corps est l'enveloppe charnelle qui accueille votre âme. Prenez-en soin afin d'y demeurer le plus longtemps possible, et ce, dans un corps en bonne condition. Un esprit sain dans un corps sain.

7. La vulnérabilité

Qu'elle soit affective, financière, relationnelle ou énergétique, la vulnérabilité non avouée nuit parce qu'elle ne permet pas de vous doter des outils de protection et de ressourcement nécessaires à votre état actuel. En période de turbulence, il est souvent plus ardu de prendre conscience de nos émotions et de nos réactions. Nos mécanismes de défense nous protègent de tout ce qui pourrait nous affecter, mais ils peuvent aussi nous empêcher de constater que nous sommes mal en point en bloquant certaines perceptions ou sensations.

Si, comme moi, vous êtes très empathique, dans les moments de vulnérabilité vous vous transformez en éponge. Lorsque vous vivez une peine d'amour, que vous avez perdu un emploi, que vous être coincé dans un conflit, vous absorbez les émotions négatives de votre entourage comme si elles étaient vôtres parce qu'il n'y a plus de limites défensives. Soyez très prudent. Quand une émotion monte et devient envahissante, posez-vous ces trois questions: *Où suis-je? Comment je me sens? Qui suis-je?* Très souvent, c'est par ces simples interrogations que j'ai pris conscience que j'avais intériorisé la peine d'une amie, la colère d'un collègue, la crainte d'un confrère.

Dans ces moments instables, tout le monde va vous donner des conseils, mais ça ne veut pas dire qu'ils s'appliquent à vous et ça ne signifie pas non plus de ne pas les suivre. Retenez ce qui vous fait du bien, un pas à la fois. Entourez-vous de personnes qui vous apportent du positif et non de celles qui vous piquent, vous rabaissent ou vous découragent.

Un ami me racontait que sa tante n'accueillait sa propre fille chez elle que lorsque cette dernière vivait une rupture amoureuse. Elle pouvait alors lui rabâcher les oreilles sur la méchanceté des hommes et leur incapacité à s'engager! Quand sa fille allait bien et vivait une belle histoire d'amour, sa mère ne voulait pas la voir et parlait d'elle dans son dos avec hargne et condescendance. C'est le genre d'individus toxiques que vous pouvez sortir de votre vie. Ma mère m'a dit un jour que l'on n'est pas obligé d'aimer ses propres parents. Il arrive que l'on se retrouve dans une famille qui ne nous convient pas ou avec un parent qui est inapte. Qui plus est, il y a des amis qui vous accompagneront pour une longue période et d'autres qui ne seront que de passage. Dans certaines circonstances, mettre une distance est parfois la meilleure option.

PRINCIPE 51

Quand vous ressentez l'envie de vous occuper de quelqu'un, demandez-vous comment vous allez vous-même. C'est souvent quand on a besoin de soutien et d'attention que l'on va aider son prochain.

8. Les personnages

La première fois que j'ai entendu parler de la notion des personnages, c'était dans un cours de psychologie et j'avoue qu'au départ, je ne comprenais pas très bien comment on pouvait être quelqu'un d'autre que soi-même selon les circonstances. Mais avec le temps, l'expérience de vie, la thérapie, les formations continues, force m'a été de constater l'exactitude de ce constat. Et dans la relation sous emprise, la notion de personnages est très importante, surtout pour l'emprisonné. Bien souvent, les livres traitent des différents masques de l'emprisonneur, mais ce sont ceux de l'emprisonné qui lui jouent le plus de tours et le font rechuter! Si vous voulez sortir d'une relation sous emprise ou vous tenir le plus loin possible de toute situation similaire, il est crucial que vous découvriez vos propres personnages rattachés à vos mécanismes de défense, que vous appreniez dans quels contextes ils s'activent, quels sont les éléments déclencheurs et comment retrouver un équilibre plus authentique dans un relatif court laps de temps. Certains personnages vous sont encore utiles, mais d'autres ne le sont plus et vous nuisent désormais davantage qu'ils ne vous aident.

Notre psyché est complexe. L'inconscient est continuellement en action et influence grandement nos émotions, nos comportements, nos attitudes, nos actions sans que nous le réalisions pleinement. Plusieurs de nos réactions prennent racine durant l'enfance ou lors d'événements marquants. Par exemple, si vous avez eu des parents ayant un comportement inapproprié et dysfonctionnel (80 % des familles sont dysfonctionnelles selon plusieurs études de psychologie), vous avez pu, étant enfant, développer certains mécanismes de défense, voire certains complexes, pour vous adapter, vous protéger, attirer l'attention, prendre votre place, vous faire oublier. Devant un père autoritaire, l'un des enfants fera des pitreries, un autre va prendre en charge les plus jeunes, un troisième va se refermer sur lui-même, un quatrième sera très perfectionniste. Bref, chacun réagit selon ses moyens et adopte un rôle.

Or, chez une même personne, on retrouve plusieurs rôles qui se mettent en branle inconsciemment selon les situations. Votre comportement de conjoint n'est pas exactement le même que celui d'employé qui, lui-même, n'est pas identique à celui de parent, qui est différent de celui de coach de soccer, par exemple. Quand des conflits surviennent, quand une menace apparaît, quand une dynamique connue se met en place, alors un rôle, une facette de votre personnalité, un personnage ressurgissent. Certains personnages nous permettent de surmonter des épreuves circonstancielles, d'autres servent à camoufler nos intentions réelles, nos besoins, notre véritable émotion. Un psy m'a dit un jour que, lorsqu'on questionne les gens sur leurs motivations, la première raison évoquée est rarement la plus importante, mais c'est celle qui est socialement acceptable, celle que l'on est prêt à admettre. C'est plutôt ce qui est avoué en toute fin de conversation, de façon anodine, qui revêt un caractère plus primaire et plus prioritaire.

Regrets et remords

Reprenons le cas de François, présenté au deuxième chapitre, qui était marié à une femme qui ne lui convenait pas. Entrepreneur, il travaillait beaucoup. Devant les disputes conjugales incessantes, il avait le sentiment qu'il devait trouver une solution. Il affirmait qu'il se sentait coupable de tout ce qui n'allait pas dans son couple et que c'est pour cette raison qu'il était incapable de dire non à certaines demandes de sa conjointe. Il se sentait aussi responsable des agissements de son associé parce qu'il prenait sur lui la maladie de ce dernier. Or, le non-verbal de François n'était pas cohérent avec ses affirmations. Je me suis rappelé le commentaire d'une psychologue qui m'avait dit que la culpabilité est une émotion socialement acceptable.

Eh oui, ça paraît bien de dire qu'on se sent coupable. Les femmes montrent beaucoup d'empathie envers les hommes qui se sentent coupables. Mais est-ce l'état réel? Il est vrai que c'est beaucoup moins viril d'oser dire que l'on est incapable de s'affirmer! «Le gars qui se sent coupable», c'était un personnage de François qui en cachait un autre: celui qui était incapable de dire ce qu'il voulait puisqu'il ne savait pas ce qu'il voulait! Et derrière «celui qui ne sait pas ce qu'il veut», il y avait aussi un autre personnage: celui qui a tellement peur d'échouer qu'il préfère ne pas choisir!

L'introspection a mis en lumière un autre personnage crucial: l'hyper-performant, le compétitif, celui qui mesure sa valeur non pas par ce qu'il est mais plutôt par ce qu'il fait! Là était le cœur du problème: élevé par une mère envahissante, axée sur la réussite à outrance, l'enfant était devenu un adulte stressé, colérique, incapable d'accepter les reproches et les échecs, et cela le rendait très vulnérable devant des emprisonneurs. Car derrière cette carapace d'agressivité et de fausse assurance se cachait un être mal aimé ayant un énorme besoin de reconnaissance, d'attention et d'affection. Il a fallu l'aide d'une psychologue très expérimentée et bien des heures de travail sur soi pour lui permettre de se définir graduellement à ses propres yeux.

Mais, à partir du moment où il a choisi de cheminer, de déterminer ce qui lui convenait et ce qu'il ne voulait plus, il est parvenu à poser ses premières limites. Évidemment, il a dû apprendre à les respecter lui-même puisque les rechutes sont pratiquement inévitables; puis, enfin, tout doucement, il a fait le ménage dans sa vie. Il a divorcé, a rompu les liens d'affaires avec son associé, a trouvé une conjointe aimante, affectueuse et respectueuse. L'ex-conjointe et l'ex-associé étaient deux des emprisonneurs très différents, mais tout de même très solides. Et, dans les instants de faiblesse, quand il était sur le point de retomber dans le piège de l'un ou l'autre des emprisonneurs, ce sont les garde-fous qui prenaient le relais pour le protéger de lui-même, le temps de refaire ses forces: sa nouvelle conjointe, deux amis proches, sa psychologue et moi-même. Comme disait ma grand-mère: «Patience et longueur de temps font plus que force ni que rage[32].»

Il lui reste certes du travail à faire pour définir sa place sur le plan professionnel, car il ne joue pas encore pleinement le rôle auquel il est destiné. Il se bloque lui-même, s'empêche de déployer son plein potentiel en s'enfermant dans les pratiques connues et rassurantes. Il se développe à la vitesse grand V, mais l'aveuglement volontaire persiste en certaines situations bien précises. Les prises de conscience, bien que nécessaires, entraînent le sentiment qu'il faut agir, l'obligation de fournir une solution. Or, un entrepreneur m'a déjà dit que «falloir» précède «faillir». Tant que François est coincé dans l'obligation d'agir, ainsi que dans les résultats concrets et connus, il reste prisonnier de la peur d'échouer.

Quand il acceptera l'intangible, soit développer une vision, y croire afin de voir les opportunités, apprécier l'instant présent, avoir de la gratitude pour ce qui va bien, il parviendra alors à mieux utiliser son côté compétitif pour le transformer en énergie plus constructive. Il saura faire des choix conscients et volontaires. Rappelez-vous qu'avant trente-cinq ans, le stress stimule. Dépassé cet âge, il a plutôt tendance à écraser et il nuit au dépassement de soi.

Dans un autre ordre d'idées, tout le monde a entendu parler de la triade: victime-bourreau-sauveur. Ainsi, si vous regardez autour de vous, vous remarquerez que certaines personnes se plaignent continuellement que la vie est injuste envers elles, que les tuiles leur tombent sur la tête, que les autres sont méchants avec elles.

---

32. Morale qui conclut la fable de La Fontaine intitulée *Le Lion et le Rat*.

Les éternelles victimes de la vie sont nombreuses et drainent votre énergie. Elles peuvent devenir une proie facile pour un emprisonneur, mais généralement, comme elles ne passent jamais à l'action, il s'en délaisse très rapidement. Par contre, il arrive qu'elles soient de fausses victimes qui cachent, sous leur masque, un emprisonneur aguerri!

Passion ou obsession?

Reprenons le cas de Jacques, présenté au deuxième chapitre, qui était en couple avec une dame mariée, jalouse et agressive. Au départ, Jacques la percevait comme une pauvre femme mal aimée par son mari, avec un maigre salaire, sans économies, sans compte de banque individuel, sans cellulaire, sans bonheur. Il s'est donc octroyé le rôle de sauveur qui allait la sortir de ce milieu malsain pour elle. Et c'est exactement ce qu'elle voulait! Dès qu'elle a mis le grappin sur Jacques, elle a apporté quelques effets personnels chez lui, avait une clé de son appartement, connaissait son numéro personnel, *etc.* C'est alors qu'elle s'est transformée en bourreau et qu'ont débuté les crises de jalousie, les soupçons, les accusations. Jacques est passé de sauveur à victime!

Après plusieurs séances chez sa psy, qu'a-t-il découvert? Tout simplement que c'était lui-même qu'il tentait de sauver à travers elle! Que c'était sa propre vie qui lui répugnait! Il avait pris à sa charge l'hypothèque de la maison de son père et ce dernier ne lui versait plus aucun loyer depuis plusieurs mois. Jacques a donc vu ses moyens financiers être réduits à néant. Il ne pouvait plus payer les réparations sur sa voiture de rêve, ne pouvait s'offrir de voyages ni même d'activités de loisir. Il avait réduit son entraînement au minimum et il était, en fait, toujours amoureux d'une femme connue plusieurs années auparavant. Le coup a été difficile à encaisser. Comme une personne près de lui s'était suicidée il y a fort longtemps, il était sensible au chantage affectif à tendance suicidaire. L'emprisonneur l'avait très bien compris.

Derrière le rôle de sauveur qu'il jouait avec la dame, il y avait une incapacité à faire face à sa propre vie. Et, derrière «l'incapable de faire face», il y avait un humain traumatisé par un suicide. Paradoxalement, il y avait aussi un homme qui aurait aimé avoir des enfants, mais pas avec une femme comme elle! Et, derrière le papa non affirmé qu'il était, il y avait aussi un fils qui regrettait tant d'avoir un père qui profite de ses propres enfants. C'est de ce fils déçu dont la psychologue a dû s'occuper en premier. C'est à lui qu'il a fallu donner les outils pour apprendre à s'affirmer, à mettre des limites et à dire enfin à son père ce qu'il avait tant sur le cœur, et ce, de façon correcte, respectueuse, ferme mais harmonieuse. Il a fallu travailler beaucoup cet aspect pour qu'il soit fier de sa façon de s'exprimer et pour ne pas retomber dans une confrontation inutile et irraisonnée.

Jacques a finalement mis la maison paternelle en vente. Son père a compris la raison de ce geste et l'a accepté non sans rouspéter. Aujourd'hui, Jacques est célibataire et a pris une certaine distance avec son père. Mais, surtout, il a renoué avec ses passions: sa voiture de rêve, l'entraînement, le développement personnel, la musique.

Sauveur ou frimeur?

Je me souviens de cet autre client, appelons-le Sébastien, qui, les yeux larmoyants, affirmait qu'il avait mis beaucoup de temps avant de mettre fin à sa relation parce que son ex-conjointe était malade et il ne voulait pas la laisser tomber dans ce contexte. Quel beau personnage du sauveur! Était-ce vraiment la maladie qui l'empêchait de rompre?

Au cours des derniers mois, il avait entretenu une liaison avec une femme qui s'était amourachée de lui. Quand il a mis fin à sa relation de couple, il a aussi mis fin à sa liaison. La maladie de sa conjointe lui permettait de butiner ailleurs sans engagement. Par ailleurs, il faisait grand étalage de tous les efforts consentis pour sa conjointe et de l'aide financière qu'il lui apportait. L'argent revenait souvent dans les conversations. Il scandait ses valeurs de loyauté, de franchise et d'honnêteté. Il mettait un point d'honneur à rappeler qu'il avait remboursé tous ses créanciers après que son associé l'eut fraudé. Le personnage du bon gars un peu naïf qui rétablissait sa réputation était bien en place. Mais derrière se cachait un besoin de plaire à outrance et d'attirer l'attention. Et, tout contrairement à François, Sébastien ne se définissait pas tant par ce qu'il faisait, mais plutôt par ses avoirs, sa richesse, son statut: grosse maison, gros véhicule, chalet, motoneige, vêtements chers, *etc*. Or, derrière ce besoin de posséder, il y a aussi, très clairement, un besoin affectif insatisfait qui, espérons-le, sera comblé de façon harmonieuse et consentante dans un avenir proche.

Un investissement à ne pas manquer

Pour sa part, quel rôle jouait Suzanne? J'avoue que je me suis posé cette question bien des fois. Il apparaissait clairement que Suzanne souhaitait un grand changement dans sa vie et l'homme d'affaires lui proposant d'investir une somme colossale dans un projet ambitieux est arrivé à point, à ses yeux. Elle avait démarré des entreprises, avait mis sur pied des projets et avait réussi. Elle jouait donc un rôle d'entrepreneure avant-gardiste.

Lors des conversations avec elle, qu'est-ce qui ressortait? Les malheurs! Eh oui, son sujet de discussion le plus récurrent était les épreuves incroyables que la vie mettait sur son chemin. Suzanne était outrée de voir à quel point les autres ambitionnaient sur elle. Son patron avait réduit son salaire de façon drastique, mais elle encaissait parce qu'elle ne voulait pas tout perdre. Il avait eu un comportement inapproprié avec la fille de Suzanne, mais elle restait en poste. «Il a compris qu'il ne doit pas recommencer, sinon je pars», disait-elle. Elle préparait sa sortie, c'est vrai, mais pour bien plus tard. Une femme avait eu des propos gravement diffamatoires à son endroit et Suzanne les avait absorbés en espérant que le feu s'éteindrait de lui-même si elle ne l'alimentait pas. Il aura fallu qu'une autre personne du même clan proclame des menaces de mort à son endroit pour qu'elle prévienne la police. Devant ses ennuis, des portes de sortie lui ont été offertes, mais elle les déclinait sous divers prétextes et mettait beaucoup de temps à passer à l'action. Elle a finalement choisi une orientation professionnelle bien plus risquée. Elle voyait tous les aspects négatifs d'une épreuve après coup, mais n'entrevoyait pas l'arnaque à venir pourtant si évidente! Pourquoi donc?

Il y a certes certains emprisonnés qui ne veulent pas réellement être aidés parce qu'en dehors de ces situations épouvantables, leur vie est simplement ordinaire. La relation sous emprise apporte de l'action: il se passe enfin quelque chose dans le quotidien et cela attire la sympathie. Pensez au syndrome de Münchhausen dans lequel un individu simule une maladie ou un traumatisme pour attirer l'attention ou la compassion. C'est un peu le même principe sauf que, cette fois, le traumatisme n'est pas physique mais bien psychologique, émotionnel ou professionnel.

Se mettre soi-même dans une situation à risques avec la pensée magique que tout ira bien, plonger tête première dans un bourbier et ensuite, quand ça tourne mal, tarder avant d'agir, c'est de l'autosabotage. Et ça, c'est fréquent dans la relation sous emprise.

Alors que François se définissait par ce qu'il faisait, que Sébastien se définissait par ses avoirs, Suzanne, elle, se définissait par ses malheurs vécus. Le temps que dure la relation sous emprise ou l'épreuve incroyable, l'emprisonné vit un rush d'adrénaline important et se sent vivant. Il importe donc de meubler sa vie avec de vraies passions saines, stimulantes et enrichissantes afin d'éviter ce genre de pièges trop fréquents.

Bouée de sauvetage

Karine a longtemps joué le rôle de la maman parfaite au point d'oublier la femme qu'elle était et même la professionnelle qu'elle avait déjà été. Lorsqu'elle est devenue célibataire, elle s'est transformée en une chasseresse avide, en manque d'un homme idéal. Mais qu'y avait-il derrière ce personnage? Il a fallu plusieurs rencontres et bien des discussions pour qu'elle réalise la présence d'un *pattern* familial de dépendance affective et de domination. Le travail d'introspection de Karine avec un professionnel est loin d'être terminé, mais elle a franchi la première étape: prendre conscience! Le personnage de la maman parfaite puis de la chasseresse est devenu, il fallait s'en douter, celui de la conjointe parfaite. Mais elle continue d'apprendre à se définir comme individu afin de retrouver ses rêves, ses passions, ses buts. Lentement mais sûrement, elle trouvera une place qui lui convient davantage.

Tout le monde joue des rôles et le défi réside dans la capacité à être le plus authentique possible, d'être le plus près possible de votre source, de votre essence. L'emprisonneur guettant une opportunité, une faille, il cherche les incohérences, les non-dits, les besoins non comblés. Moins vous jouez un rôle et moins vous êtes vulnérable parce qu'une fois que vous avez commencé à interpréter un personnage, il devient difficile d'en sortir. C'est là-dessus que compte l'emprisonneur: une fois que vous avez commencé à embarquer dans son jeu, il vous sera malaisé de dire qu'il ne vous convient pas!

Prenons un exemple simple. Lors des compétitions de karaté ou des camps d'entraînement, un phénomène toujours saisissant se produit parfois. Imaginez la scène: des examens de grade ont lieu. Je suis, comme toujours, à la table d'évaluation avec l'évaluateur en chef. Trois personnes exécutent un kata, une chorégraphie qui simule un combat contre des adversaires imaginaires. En effectuant une rotation sur une jambe, l'un des karatékas, une dame dans la quarantaine, tombe au sol en agrippant son genou et en hurlant de douleur. La scène saisit les spectateurs qui ne s'attendent pas à cela puisqu'il n'y a eu aucun contact, aucun saut, rien de risqué. Mais elle crie et se tortille sur le sol. Je me précipite vers elle, suivie de près par un infirmier et une psychoéducatrice. Perplexes devant ce qui vient d'arriver, nous savons cependant que la foule est inquiète et que les karatékas qui n'ont pas encore passé leur examen sont déconcentrés. Il faut agir vite et bien. Mais, encore une fois, son non-verbal m'indique que quelque chose cloche.

L'infirmier et la psychoéducatrice l'éloignent et l'examen médical se fait dans une pièce isolée, loin des regards. Je fais reprendre rapidement la séquence d'examen des autres participants. Quelques minutes plus tard, la dame en question traverse la foule en marchant presque correctement sur sa jambe blessée! Évidemment, l'infirmier a exigé une visite à une clinique médicale. Mais que s'est-il passé exactement? Comment un tel changement a-t-il pu s'opérer? Tout d'abord, il faut savoir que la dame avait déjà une faiblesse au genou, un problème mal soigné et récurrent. En effectuant la rotation sur une seule jambe, elle a bel et bien ressenti une vive douleur en raison de sa blessure. Le diagnostic officiel est donc une entorse. Elle était en situation d'examen, donc stressée, anxieuse même. Le cerveau a fait le reste. Devant la douleur, le stress, la peur d'échouer, elle s'est effondrée. La peur amplifie, et de beaucoup, les sensations, dont la douleur. Si vous êtes une femme et que vous avez déjà eu des enfants, rappelez-vous qu'à l'accouchement on vous suggère d'accueillir la douleur.

Aurait-elle pu reprendre l'examen? Qui sait! Possiblement. Mais comme elle a fait grand éclat de sa douleur, une fois le scénario en marche, il est impossible de se relever tout de suite comme si de rien n'était! Ça n'aurait pas été crédible. Le spectacle était commencé et ne pouvait pas dévier de sa route. C'est pour cette raison que nous l'avons éloignée rapidement de la foule, pour lui donner l'opportunité d'arrêter de jouer le rôle de la victime souffrante afin qu'elle puisse endosser celui de la femme blessée qui va se reprendre une autre fois.

Quand une émotion devient trop intense, elle est envahissante et prend toute la place. Elle génère des réactions inhabituelles. Il importe alors d'ouvrir une fenêtre, de guider la personne vers une résolution saine de l'émotion. Les emprisonneurs adorent ces moments d'envahissement parce qu'ils y sont extérieurs et voient très bien la partie qui se joue. Ils en connaissent les ramifications et il leur est aisé de jouer avec l'esprit des gens envahis.

Prédateur à l'affût du personnage

Je n'avais que dix-huit ans. Une amie à moi, appelons-la Johanne, venait d'apprendre que l'homme de sa vie la laissait pour une autre. Elle était inconsolable. Pourtant, dans les semaines précédentes, elle s'était permis de flirter avec deux autres hommes eux-mêmes en couple. Rappelez-vous ce que j'expliquais plus tôt : on réagit toujours plus fort quand on sait qu'on est dans le tort. Mais ce soir-là, Johanne sort avec un groupe d'amis dont moi, et elle boit plus que de raison. Peine d'amour et alcool ne font pas bon ménage et, ne parvenant pas à attirer le regard de l'un des mâles présents, elle sort du bâtiment avec fracas et menace d'aller sauter en bas du pont. Il fait noir, -25 °C, et elle marche vers la rivière. Ma mère m'avait dit un jour que quelqu'un qui fait tout un spectacle avec une tentative de suicide ne passe pas à l'acte. Il veut de l'attention mais pas la mort, alors que celui qui veut réellement mourir s'organise pour qu'on ne puisse pas l'arrêter. Je me suis rappelé cela en voyant les larmes de crocodile de Johanne et en entendant ses cris. Le non-verbal n'était pas cohérent. Le risque n'était pas qu'elle saute en bas du pont. Mais le problème était le type appuyé sur la balustrade qui l'observait. Il était dangereux parce que, depuis des semaines, il tentait de la convaincre de faire partie de son groupe d'amis sectaire. Mais voilà, le rôle était joué, le scénario était en marche, elle n'était plus capable de l'arrêter et elle voulait un homme. J'argumentais avec elle depuis trente minutes. Le prédateur s'approchait. Devant la menace, j'ai demandé à un ami, un homme, de la reconduire chez elle. Alléluia! De la fille en crise prête à faire des bêtises, elle est passée à celle qui s'accroche à son sauveur. On a eu toute une discussion le lendemain!

Les personnages sont présents dans toutes les sphères de notre vie. Certains sont sains et utiles. D'autres sont plutôt nuisibles. Le travail avec un psychologue permet de les mettre en lumière, de faire des choix plus éclairés. Évidemment, comme le disait une psychologue à mon conjoint: «L'inconscient, c'est un King Kong. On ne peut pas le dompter. On peut seulement apprendre à le connaître davantage.» La thérapie permet de faire la paix avec le passé, de lâcher prise sur certaines situations et d'accepter les faits. C'est souvent en devenant soi-même une meilleure personne que notre environnement s'en trouve transformé.

PRINCIPE 52

Notre ego nous porte à croire que nous n'avons besoin de personne. Or, dans la relation sous emprise, notre pire ennemi, c'est soi-même. Les amis sont là pour nous aider à nous relever quand on ne se souvient même pas que nous avons des jambes. S'entourer de gens extraordinaires est donc primordial!

9. *Le désir d'aider*

Vous avez voulu rendre service? Vraiment? En êtes-vous certain? Je vous pose cette question parce qu'en réalité, on ne fait les choses que pour soi. En vérité, quand on aide l'autre, on se fait du bien à soi-même. On se valorise à travers ce comportement altruiste. Or, bien souvent, quand on propose notre aide, l'autre ne nous a pas toujours demandé de nous impliquer. Et, parfois, c'est l'aidant qui insiste pour exécuter telle tâche, apporter telle solution, opérer tel changement. L'aidé n'ayant, en fait, rien demandé, il ne se sent nullement redevable, et avec raison! Ce n'est pas parce que vous avez donné un coup de main que l'autre vous doit quelque chose. Or, souvent, en entreprise, les gens se croient entourés d'emprisonneurs, de manipulateurs et de profiteurs parce que les autres ne leur retournent pas l'ascenseur. Mais un tango, ça se danse à deux. Si vous avez rendu service avec l'idée que l'autre vous sera redevable, c'est vous le manipulateur, pas l'autre!

Par ailleurs, peut-être que, pour vous, le service rendu est important et représente une marque de reconnaissance à vos yeux, mais ce n'est pas forcément le cas pour l'autre personne. Peut-être que ce qui rejoint vraiment l'autre, c'est plutôt les paroles valorisantes ou le temps de qualité. Je vous invite d'ailleurs à lire le dernier livre de Gary Chapman et Paul White sur les cinq langages de l'appréciation au travail[33]. Votre désir d'aider est louable, mais il ne doit pas devenir lourd pour les autres, car si tel est le cas, il devient aussi attirant pour l'emprisonneur qui sera très heureux d'utiliser votre temps libre, votre potentiel et vos qualités pour sa juste cause: lui-même!

PRINCIPE 53

Être à l'écoute de quelqu'un ne veut pas dire aller au-devant de ses besoins. Cela implique plutôt de lui laisser la chance d'exprimer ce qu'il veut comme il le veut et de voir ensuite si vous êtes vraiment la meilleure personne pour répondre à son besoin. Il se peut que ce ne soit pas le cas.

10. Ce que vous voyez chez l'autre

Dans la relation sous emprise, il y a bien des dynamiques tordues et il se peut qu'en fait, vous projetiez chez l'autre votre propre côté emprisonneur. Eh oui, c'est possible. Donc, non seulement la projection, c'est le fait d'attribuer aux autres un trait de personnalité ou un défaut qui est en soi, mais si vous le voyez chez

33. G. Chapman et P. White, *Les 5 langages d'appréciation dans le milieu de travail. Optimiser les entreprises en encourageant les employés,* Béliveau éditeur, 2015, 200 pages.

l'autre, c'est qu'il existe en vous. Donc, si vous le percevez, cela veut aussi dire qu'une prise de conscience est en train de s'effectuer. C'est bon signe! En effet, on ne peut modifier une chose si on n'admet pas qu'elle existe! La reconnaître en soi n'est pas un signe de faiblesse, au contraire, c'est un signe de maturité! Je vous invite à lire ou à relire le livre d'Isabelle Nazare-Aga sur les manipulateurs[34] en examinant votre propre façon d'agir avec votre entourage. Identifiez vos techniques de manipulation et apprenez à agir de façon plus sereine et respectueuse.

PRINCIPE 54

Ce n'est que lorsqu'on se connaît vraiment soi-même qu'on peut réellement apprécier les autres sans avoir peur de leurs zones d'ombre puisqu'on aura apprivoisé les nôtres.

11. Les obstacles

Les obstacles sont différents quand on souhaite simplement voir venir, détecter l'emprisonneur afin de ne pas être pris dans ses filets. En effet, il n'y a pas de danger immédiat, de crise à gérer, d'émotions bouleversées et envahissantes. Mais il y a cependant des séquelles d'une situation antérieure qui, elles, peuvent être accompagnées de mécanismes de défense, voire de complexes dérangeants.

La confusion entre la résilience et la survie est l'un des obstacles que vous pouvez rencontrer. Trop souvent, quand les gens vivent des épreuves et que l'eau a coulé sous les ponts, ils tiennent pour acquis qu'ils ont, par défaut, développé une grande résilience parce qu'ils sont passés à travers. Cependant, quand le train-train

---

34. I. Nazare-Aga, *Les manipulateurs sont parmi nous.* Éditions de l'Homme, 1997, 288 pages.

quotidien reprend, les choses ne se déroulent pas comme ils le souhaitent: les relations amoureuses se succèdent sans s'épanouir, les emplois s'accumulent sans demeurer, les amis viennent et repartent. Quelque chose ne tourne pas rond. C'est alors qu'il faut se demander si les apprentissages adéquats ont été faits. Vous avez sûrement déjà entendu cette phrase: *Dans chaque situation négative, il y a du positif.* C'est généralement vrai, mais pas toujours. Il n'y a rien de positif dans le viol, le meurtre ou la maladie. C'est ce que vous allez faire par la suite qui peut être constructif et vous permettre d'être plus heureux. Et ça, c'est votre choix. Après une épreuve, tout être humain retient ce qu'il a été capable d'intégrer, d'assimiler, mais aussi ce à quoi il a été capable de faire face. En d'autres termes, vous avez appris ce que vous étiez prêt à apprendre à ce moment-là, dans ces circonstances. Mais une année plus tard, il se peut que vous fassiez de nouveaux liens, que vous ayez un point de vue différent sur la situation ou les gens impliqués parce que votre état d'esprit est différent aussi.

Il se peut aussi que l'épreuve ait été si traumatisante que votre cerveau a veillé à l'essentiel et a bloqué certaines émotions trop douloureuses. Ainsi, après la perte de l'être aimé, il est possible que vous ne soyez plus capable de trouver quelqu'un avec qui vous êtes bien parce que votre cœur s'est fermé à double tour afin de ne plus jamais prendre le risque de souffrir comme il a déjà souffert. Vous êtes alors en mode survie. Vous ne vous permettez plus de vivre l'extase et le plein épanouissement. Vous êtes en vie, mais votre essence n'existe plus. Elle est endormie, éteinte. C'est compréhensible. Mais si votre cerveau bloque les belles opportunités pour vous empêcher de souffrir, qu'allez-vous attirer, croyez-vous? Eh oui, les moins bonnes... Les emprisonneurs adorent les gens en mode survie. Le travail avec un psychologue, le développement personnel, la lecture de livres traitant de ce type de sujet, l'introspection sont autant de moyens disponibles et utiles pour cheminer.

Les valeurs et les contre-valeurs sont un concept intéressant présenté, entre autres, par Isabelle Nazare-Aga dans son livre *Je suis comme je suis*[35]. L'auteure explique que, bien souvent, nous ne connaissons pas réellement nos valeurs profondes et encore mois l'envers de la médaille, les contre-valeurs, soit ce que nous ne voulons pas dans notre vie. Par différents exercices et la lecture de définitions détaillées, elle permet une identification précise de celles-ci. Par exemple, j'ai réalisé que la sécurité financière n'est pas une valeur importante chez moi. Par contre, je ne veux pas avoir d'ennuis financiers. L'insécurité financière fait donc partie de mes contre-valeurs.

Je croyais que l'authenticité était primordiale pour moi, mais après lecture, j'ai compris que l'authenticité implique de dire les choses comme elles sont, sans enrobage et peu importe les conséquences. Or, pour moi, il est extrêmement important de faire attention à ma façon de dire les choses afin de créer une communication harmonieuse. Je suis sincère et honnête, mais aussi très constructive parce que la colère, le mépris et la peine ressentis face à certains propos ne permettent plus l'écoute et la réceptivité. L'intégrité est, pour moi, plus importante parce qu'elle rejoint mon besoin de cohérence entre les intentions, les opinions, l'éthique, les croyances, les attitudes et le mode de vie. Je ne suis pas corruptible et mon éthique n'est pas négociable. Je peux refuser de répondre à un ordre ou à une consigne qui seraient contraires à l'éthique, parce que je ne déroge pas du code moral. Je suis digne de confiance parce que je ne peux pas, en mon âme et conscience, mentir. Je ne supporte pas la supercherie, l'escroquerie, qu'elles soient dirigées envers moi ou envers quelqu'un d'autre. Et je sais faire face aux conflits. Par contre, je digère mal le rejet et j'essaie toujours d'user de diplomatie pour ne pas blesser les gens. C'est donc davantage l'intégrité que l'authenticité qui prime chez moi. Cela implique que j'ai, comme contre-valeur, l'indifférence,

---

35. I. Nazare-Aga, *Je suis comme je suis,* Éditions de l'Homme, 2008, 242 pages.

l'hypocrisie et le mépris. J'y suis donc sensible. C'est pourquoi je fais attention quand je lis une critique sur l'un de mes livres, au cas où elle serait négative.

La connaissance de ces valeurs et contre-valeurs permet d'identifier les angles par lesquels un emprisonneur pourrait tenter de vous approcher et de vous éblouir. Comme l'argent n'a pas de grande importance pour moi, ceux qui essaient de m'impressionner avec leurs avoirs s'y prennent bien mal. Par contre, j'ai comme contre-valeur la peur d'en manquer, sur laquelle je travaille continuellement. Étant travailleuse autonome, je n'ai pas de revenu fixe et je dois composer avec les fluctuations financières. Donc, même si l'argent ne m'attire pas, je me protège des emprisonneurs qui m'approchent sous l'angle de la stabilité!

Identifiez vos valeurs et contre-valeurs et vous apprendrez beaucoup sur vous-même. Vous verrez alors ce que les emprisonneurs voient chez vous!

«Timing is everything», comme le dit si souvent mon conjoint. Prenez le temps d'examiner à quel moment de votre vie une relation sous emprise s'est développée. En effet, il est facile quand tout va bien de se dire que l'on va désormais être plus prudent et que l'on ne se fera plus reprendre dans une telle histoire. Comme c'est facile aussi de gérer efficacement ses pensées négatives lorsqu'on file le parfait bonheur. C'est quand les tuiles nous tombent sur la tête que notre petite voix ne veut plus se taire. Ce saboteur, comme aime l'appeler Daniel Sévigny[36], torture votre esprit avec ses doutes, ses récriminations, ses dénigrements. Si vous ne vous êtes pas suffisamment entraîné à mieux gérer vos pensées quand vous étiez en forme, ce ne sera *pas de la tarte* quand tout ira mal. Entraînez-vous. Lisez sur le sujet, faites les exercices suggérés par des auteurs comme Jack Canfield[37], Bob Proctor[38], Blair

---

36. D. Sévigny, *Pensez, gérez, gagnez,* Éditions de Mortagne, 2009, 238 pages.
37. J. Canfield, *Le tapping vers le succès ultime,* Béliveau éditeur, 2015, 250 pages.
38. B. Proctor, *Vous êtes né riche*, Macro éditions, 2011, 248 pages.

Singer[39], Joe Vitale[40], John P. Strelecky[41], Spencer Johnson[42], Jean-Marc Chaput[43], Ray Vincent[44], Alain Samson[45]. Si vous pensez que vous n'avez pas besoin de ces lectures, ni de quelques rencontres chez un psy, ni d'un coach pour vous aider à cheminer; si vous croyez que vous êtes guéri et que vous ne risquez plus rien, alors relisez le paragraphe sur la confusion entre la résilience et la survie. En karaté, on dit qu'un bon karatéka est celui qui continue de s'améliorer alors que les autres n'y trouvent plus de défauts. Rien n'est jamais parfait. Il y a toujours place à l'amélioration.

Identifiez bien tout ce qui se passait dans votre vie quand vous êtes tombé dans le piège d'un emprisonneur. Repensez aux faits, mais aussi à votre état d'esprit, aux sentiments qui vous habitaient. Étiez-vous à la croisée des chemins? Viviez-vous une peine d'amour? Étiez-vous à court d'argent? Veniez-vous de perdre votre emploi? Aviez-vous encaissé une défaite? Que s'était-il passé?

Il serait illusoire de croire que vous serez toujours à l'abri des malheurs, mais si vous apprenez à reconnaître vos périodes de vulnérabilité, vous pourrez aussi prendre les moyens nécessaires pour vous protéger en vous entourant de gens de confiance, en focalisant votre attention sur des aspects positifs de votre vie et en allant chercher l'aide appropriée.

Enfin, un dernier point mais non le moindre: **la différence entre l'intention et l'attention**. Depuis plusieurs années, la loi de l'attraction est très populaire et répandue, mais souvent mal interprétée et mal utilisée. Faire un tableau de visualisation, déterminer

39. *Ibid.*
40. J. Vitale, *Le Facteur d'attraction,* Un monde différent, 2005, 282 pages.
41. J. Strelecky, *Les 5 grands rêves de vie*, Le Dauphin Blanc, 2011, 224 pages.
42. S. Johnson, *Le présent*, ADA, 2004, 116 pages.
43. J.-M. Chaput, *À la recherche de l'humain,* Éditions Québecor, 2007, 272 pages.
44. R. Vincent, *Il n'en tient qu'à vous,* Un monde différent, 2007, 192 pages.
45. A. Samson, *Pourquoi vous contenter d'être heureux?*, Béliveau éditeur, 2010, 168 pages.

vos objectifs de vie, imaginer chaque soir en vous couchant que vous avez déjà réussi à les atteindre est très bien. C'est ce que l'on appelle le pouvoir de l'intention[46], mais il est très important de regarder à quoi vous pensez au cours de la journée. Parce que, si votre attention est continuellement dirigée vers les problèmes, c'est aussi ce que vous attirerez. L'emprisonneur cherche une faille. Plus vous focaliserez votre esprit sur les soucis, les doutes et les difficultés, plus vous en parlerez, plus cela influencera votre comportement, votre attitude et vos réactions. Et plus votre esprit sera à l'affût de ce qui va mal. Il sera si préoccupé à revoir la situation sous tous ses angles et à chercher des solutions qu'il ne verra pas ce qui se passe dans les angles morts: les approches sournoises de l'emprisonneur qui, lui, a trouvé votre faille.

Donc, à quoi pensez-vous? Et, en passant, tout cela n'a rien de magique, c'est simplement une question de choix. Que choisissez-vous de voir? Avez-vous programmé votre cerveau pour déceler les opportunités ou est-il concentré sur la peur d'échouer?

PRINCIPE 55

Votre cerveau a un incroyable potentiel de création. Il peut imaginer le pire comme le meilleur. Choisissez donc de l'utiliser à bon escient. Alimentez-le de pensées positives, de connaissances, d'expériences enrichissantes, et son rendement sera exponentiel.

46. W. Dyer, *Le pouvoir de l'intention,* J'ai lu, 2006, 345 pages.

Manipulateur de foule

Il y a plusieurs années, j'ai assisté à une série de conférences portant sur le développement personnel, la réussite, la prospérité, le cheminement spirituel, *etc.* L'une des conférences était donnée par un homme que je n'avais jamais vu auparavant. Il se disait expert en PNL et motivateur. Au bout de quelques minutes, il a demandé des volontaires. Quatre personnes ciblées se sont retrouvées aux quatre coins de la salle et le reste de l'assemblée devait se réunir autour de chacun d'eux en formant des cercles. L'animateur a alors demandé d'invectiver les personnes ciblées, de leur crier des bêtises et des injures. Tout le monde s'est exécuté sans broncher, sauf moi qui suis demeurée totalement stupéfaite devant la nature de l'exercice. Plus les secondes passaient et plus l'assemblée était agressive, les gens se permettant des commentaires abjects envers les cibles. Je paniquais. J'ai regardé l'animateur avec effroi. L'effet dévastateur sur les cibles était évident. J'étais incapable d'obtempérer à la consigne, elle me répugnait. J'ai rassemblé toute mon énergie et, contrairement à mes collègues, j'ai tourné le dos à la cible et j'ai fait face à l'animateur. Il jubilait devant les réactions. J'étais en colère et je me suis dirigée vers lui. Il a croisé mon regard et a arrêté subitement l'exercice. Il a ensuite fait parler les cibles sur leurs sentiments d'infériorité, de honte, de rejet et a conclu en disant que tout le monde avait des failles et qu'il était un bon coach pour les travailler. Et il est parti! J'étais outrée. Je me suis rendue à la salle voisine où une cible, une femme dans la quarantaine, s'était réfugiée, afin de l'aider à ventiler, à nommer, à verbaliser le mal-être ressenti. Parfois, les emprisonneurs sont de faux experts.

Cerveau & Psycho.fr

Le saviez-vous ?

Une façon simple de détecter les mensonges

À notre insu, notre cerveau note les signes imperceptibles qui trahissent le menteur. Mais dès que vous voulez savoir objectivement si une personne ment ou non, votre cerveau devient aveugle aux détails imperceptibles que vous envoient son corps, son visage et sa voix. Pour retrouver l'accès à ces messages subliminaux, il faut se laisser aller et écouter son instinct. C'est ce que les psychologues appellent la détection inconsciente du mensonge. Dans leur article publié dans le journal *Psychological Science*, Leanne ten Brinke et ses collègues de l'Université de Californie, à Berkeley, ont fait visionner à des sujets des vidéos d'individus en train de mentir ou de dire la vérité. Puis, les spectateurs devaient classer des mots comme fiable, authentique, trompeur, faux, honnête, triche, valide, selon deux catégories: MENSONGE ou VÉRITÉ. Mais avant la présentation de chaque mot, les scientifiques faisaient apparaître sur l'écran d'ordinateur, pendant un temps trop court pour être perçu consciemment, l'image de l'un des individus visionnés auparavant. Après avoir perçu de manière subliminale l'image d'un menteur, les sujets classaient plus vite les termes associés au mensonge. Après avoir vu en image subliminale une personne disant la vérité, ils classaient plus vite les termes associés à la vérité. Notre cerveau «inconscient» reconnaît des signes du mensonge sur les visages. Écoutez votre instinct!

Source: Sébastien Bohler, *Une façon simple de détecter les mensonges,* Cerveau & Psycho, 26 mars 2014

協議会

Conseils d'entraide

Le rôle du sensei n'est pas de convaincre
mais de donner à celui qui demande
et qui peut recevoir.
– Gichin Funakoshi

Bien que l'emprisonneur ressente un fort sentiment de supériorité, ce dernier ne le rend pas heureux et ne le comble pas de bonheur. Certes, il éprouve une certaine jouissance lorsqu'il domine quelqu'un, qu'il explose de colère et terrorise ainsi l'emprisonné, mais cette satisfaction est éphémère parce que, durant cette crise, pendant ce «pétage de coche», il se sent seul. Il ne comprend pas pourquoi l'emprisonné ne pense pas comme lui, ne réalise pas l'ampleur de la situation, ne comprend pas ce qui lui semble, à lui, bien évident. L'emprisonneur a l'impression d'être plus intelligent, plus vigilant, plus alerte et donc plus utile que tout le monde. Mais il est généralement malheureux en couple et n'a pas d'amitiés franches, durables et vraiment authentiques.

Les gens craignent les emprisonneurs, certains les admirent, mais ça ne fait pas d'eux de réels amis. La peur et l'admiration sont des réactions démesurées qui ne donnent jamais de bons résultats sur une longue période de temps. Pensez au personnage du Dr House : il est craint, détesté, critiqué, mais aussi admiré pour sa capacité à découvrir l'introuvable. Est-il heureux? Non.

Les emprisonneurs perdent-ils leurs emplois? Pas souvent. Il faut un patron qui voit clair et qui a une colonne d'acier pour agir. Il faut aussi une équipe qui se tient pour ne pas se laisser influencer. Les entreprises ou les organisations regroupant de telles personnes ne courent pas les rues!

Et l'emprisonneur est convaincant. Il fait beaucoup de liens entre les événements, les faits recueillis ou observés, les résultats et ses perceptions de la vie. Il a des arguments et sait se défendre. C'est même sa spécialité. Et il est convaincant parce qu'il est convaincu. L'emprisonneur ne peut concevoir une autre réalité que la sienne. Il a un point de vue très narcissique.

Rappelez-vous l'exemple de Claire et Gaétan: lui est convaincu que sa femme le trompe parce que, dans sa tête, un homme et une femme ne peuvent pas être simplement amis ou cousins. Pour lui, les rapports sexuels sont inévitables même s'il n'y a pas de sentiments amoureux. Gaétan trouve sa femme hypersexy même si elle est dans la cinquantaine, très maigre et stressée. Il ne sert à rien de tenter de lui faire entendre raison parce qu'il est convaincu. Et il veut avoir raison parce que cela démontrerait qu'il est plus intelligent. S'il se trompait, il en serait perturbé.

Or, en psychologie, on dit souvent que le plus jaloux des deux partenaires est aussi le plus à risque d'être infidèle. C'est le jaloux qui voit les opportunités, pas l'autre! Essayer de convaincre Gaétan qu'il est dans le tort, c'est se battre contre un moulin à vent. Don Quichotte a bien tenté, mais sans grand résultat! Il vaut mieux vous concentrer sur l'emprisonné, vous avez plus de chances de ce côté. Cependant, il y a certaines règles à suivre pour ne pas vous-même vous perdre dans l'aide que vous tentez d'apporter.

PRINCIPE 56

Respirez! Tout au long des mois durant lesquels vous prêterez main-forte à un emprisonné, assurez-vous de bien respirer, de vous détendre, de vous énergiser, de vous ressourcer parce que, même si ce n'est pas vous qui vivez cette emprise, vous allez au front avec l'emprisonné quand vous le rencontrez.

1. Vivre et laisser mourir

Laissez l'emprisonné frapper son mur. C'est le conseil le plus difficile et le plus juste que je puisse vous donner. Acceptez qu'il y a des moments où il faut laisser l'emprisonné atteindre le fond du baril. Pourquoi? Parce que l'humain étant ce qu'il est, il attend d'être rendu au bord du précipice avant de changer. C'est toujours ainsi. Tant que l'emprisonné n'aura pas eu assez mal, qu'il ne sera pas assez malheureux, tant que le fruit ne sera pas mûr, vos conseils vont demeurer lettre morte. Il va retourner dans les bras de l'emprisonneur ou être à l'embauche d'un autre. Vous ne pouvez pas agir à sa place. Vous pouvez amener le cheval à l'abreuvoir, mais vous ne pouvez pas l'obliger à boire ni ingurgiter l'eau à sa place.

Et la vie est bien faite, car tant qu'un apprentissage n'est pas complété, que le message n'est pas entendu, le destin offre une autre opportunité de compréhension et de cheminement. Mais parfois, il faut accepter de poursuivre sa route et de laisser l'emprisonné derrière soi avant qu'il ne vous emporte avec lui. Vous pouvez être un catalyseur de cheminement mais pas la bouée de sauvetage, sinon, vous vous noierez avec lui. Il arrive qu'il y ait des emprisonnés que vous ne pourrez pas aider. La seule personne que vous pouvez sauver, c'est vous-même. Demandez à des parents dont l'enfant est toxicomane à quel point c'est torturant de voir la déchéance qui survient et qui ruine tout. Il y a des situations où, malheureusement, pour se protéger soi-même, il faut s'éloigner. Certains emprisonnés laissés à eux-mêmes ouvrent les yeux et finissent par demander de l'aide pour vraiment s'en sortir. D'autres, pas. Idéalement, intervenez dès les premières phases de l'emprise.

Je vous invite à lire le livre de Fletcher Peacock: *Arrosez les fleurs, pas les mauvaises herbes*[47]*!* L'auteur y traite des différents types de collaboration et de résistance au changement. Ainsi, quelqu'un qui est prêt à cheminer est un acheteur. Il faudra le mettre en action rapidement. Celui qui y réfléchit encore est un visiteur, il aura besoin d'informations et d'arguments. Et, enfin, il y a le plaignant. Celui-là ne veut pas changer, il veut se faire plaindre. Vous en retrouverez parmi les emprisonnés. Passez votre chemin. Vous ne pouvez pas les changer, eux seuls le peuvent.

PRINCIPE 57

Faites ce qui vous apparaît juste en vous rappelant que vous devez préserver votre propre intégrité physique et mentale pour ne pas affecter votre famille, votre travail et votre santé.

2. Espacez les contacts

Pour l'emprisonné, mais aussi pour vous-même, évitez le plus possible les contacts avec l'emprisonneur. Il est nocif et destructeur. Il sèmera le doute, drainera votre énergie, vous affaiblira. Moins l'emprisonné et vous-même verrez l'emprisonneur, mieux vous vous porterez. Idéalement, si vous le pouvez, ne rencontrez jamais l'emprisonneur, car ainsi vous ne serez pas trop contaminé.

47. F. Peacock, *Arrosez les fleurs, pas les mauvaises herbes!,* Éditions de l'Homme, 2007, 150 pages.

Rappelez-vous que l'emprisonné ne sera réellement libéré de l'emprise que lorsque l'emprisonneur aura trouvé quelqu'un d'autre pour jouer le rôle de l'emprisonné. Ainsi, François a eu beaucoup moins de difficulté avec son ex-conjointe quand celle-ci a déniché un nouveau conjoint qui allait subvenir à ses besoins et répondre à ses demandes financières.

PRINCIPE 58

Loin des yeux, loin du cœur. Moins l'emprisonné est en contact avec l'emprisonneur, moins il est affecté et moins souvent vous aurez à le ramasser à la petite cuillère.

3. *Ne le prenez pas personnellement*

Ne tombez pas en mode sauveur, vous vous brûleriez à coup sûr. Quand on aide un emprisonné, il y a un risque de s'attacher à lui, d'embrasser sa cause et de vouloir plus qu'il ne veut lui-même. Et alors, ses rechutes, car il y en aura, seront difficiles à encaisser. Lâchez prise. Que l'emprisonné soit retourné dans les bras de l'emprisonneur ne signifie pas que vous n'êtes pas parvenu à l'aider. Les rechutes font partie de son processus de guérison. Acceptez cela et vous vous en porterez mieux. Certes, il faudra repartir de zéro et l'emprisonné sera salement amoché quand il reviendra vous voir. Et peut-être qu'il ne reviendra pas parce que la honte sera plus forte que sa volonté. C'est possible. Vous ne pouvez pas le forcer. Vous pouvez seulement lui faire savoir, une fois mais pas dix, que vous êtes toujours là pour lui. Et lorsqu'il frappera à votre porte, accueillez-le avec bienveillance. Faites avec lui le point sur ce qui s'est produit et sur ses objectifs désormais. Plus il connaîtra ses propres failles, plus il saura se mettre à l'abri en période de vulnérabilité. Il n'a pas besoin de reproches. Il se tape déjà suffisamment sur la tête lui-même.

Accueillir implique d'écouter réellement, de laisser la personne vider son sac en toute confiance, sans crainte du jugement. Cela veut dire d'entendre les propos, mais aussi les besoins qui s'expriment à travers le récit de l'expérience. Soyez pleinement à l'écoute et vous décèlerez dans son discours ce qui l'a fait flancher.

Ses échecs, comme ses réussites, lui appartiennent. C'est lui qui avance. Vous, vous êtes le coach qui l'enjoint d'avancer. Vous êtes le Mickey qui dit à Rocky qu'il doit se relever, mais le combat, c'est lui qui le mène.

Acceptez aussi que l'emprisonné ne suivra pas vos conseils et que cela lui appartient. C'est frustrant, certes, surtout si vous-même êtes déjà sorti d'une relation sous emprise, parce que vous risquez fort de voir à l'avance la prochaine baffe qu'il va se prendre. Mais vous devez le laisser faire ses expériences. Parfois, le *statu quo* est moins effrayant que le changement. L'emprisonné avancera à son rythme. Ce ne sera pas le vôtre, ça, c'est sûr! Si vous le poussez trop, il s'éloignera de vous. S'il ne fait rien pour s'aider, là, c'est autre chose. Sortez de là!

4. Faites-lui tracer une ligne

Lorsque l'emprisonné n'est pas prêt à sortir de la relation sous emprise immédiatement, questionnez-le sur la limite qu'il ne veut pas dépasser. Jusqu'où veut-il se rendre? Qu'est-ce qui deviendra inacceptable pour lui? Demandez-lui de tracer lui-même cette ligne afin qu'il se donne des points de repère significatifs à ses yeux. Ainsi, quand l'emprisonneur va tenter d'embrouiller son esprit, il aura ses propres drapeaux rouges qui lui rappelleront que la situation va trop loin. Rappelez-vous la grenouille dans l'eau chaude. Comme vous ne voyez l'emprisonné que sporadiquement, vous êtes moins contaminé. Vous ressentez le contraste de la chaleur de l'eau. L'emprisonné, lui, y baigne continuellement. Même s'il ne voit pas l'emprisonneur tous les jours, ce dernier est dans sa tête. L'eau se réchauffe et l'emprisonné ne s'en rend pas compte. Il faut donc le doter d'indicateurs qui vont attirer son attention.

De plus, faites-lui nommer les moyens d'action qu'il va mettre en place le moment venu. Il importe qu'il les choisisse par lui-même ainsi que l'ordre dans lequel il va les utiliser.

5. Préservez votre énergie

Alors que je coachais le garde-fou d'un emprisonné, je le voyais s'épuiser à force de vouloir l'aider. Il digérait très mal les rechutes de l'emprisonné, il les vivait comme des échecs personnels. Je lui avais alors rappelé que la seule personne qu'il peut sauver, c'est lui-même et qu'il devait préserver son énergie. L'énergie, c'est comme une pomme : une fois qu'elle est cueillie, elle ne peut pas être rattachée à l'arbre. Elle est utilisée jusqu'à épuisement. Une fois drainée, l'énergie ne peut pas être réimplantée. Il faut en régénérer. Il ne faut pas en abuser, sinon l'arbre n'aura plus de pommes et plus de sève non plus.

Pour préserver votre énergie en tant qu'aidant, assurez-vous que toutes les sphères de votre vie se portent bien : vous-même, votre couple, votre famille, votre vie professionnelle, votre santé, vos loisirs, votre sentiment d'épanouissement et de réalisation.

6. Continuez de cheminer vous aussi

On dit que rien n'arrive pour rien. Qui sait, peut-être bien… La vie offre des expériences, des circonstances, et vous pouvez choisir d'en tirer des apprentissages. Ce n'est pas une obligation, c'est une option, un choix qui vous revient. Si vous avez fait l'exercice des cinquante phrases à rédiger en situation négative, je vous propose maintenant de faire la même chose quand tout va bien : écrivez cinquante phrases décrivant comment vous vous sentez. Une fois que vous avez terminé, attendez une heure et, ensuite, écrivez dix phrases supplémentaires.

Quand cet autre exercice sera complété, je vous suggère de faire le parallèle entre la première phrase en situation négative et celle en situation positive. Quel lien pouvez-vous tirer de la conjugaison de ces deux éléments? Et continuez ainsi avec la deuxième phrase négative et la deuxième phrase positive, et ainsi de suite. Vous pourriez être fort surpris du résultat et des prises de conscience que cela pourrait provoquer.

Quand on est parvenu à se sortir d'une relation sous emprise, une fois que l'on va mieux, d'autres phases de cheminement surviennent:

- ✓ La phase de l'établissement des limites et de la capacité à dire non est généralement cahoteuse. Toute personne en cheminement personnel la traverse. C'est le premier indicateur que quelqu'un consulte un psychologue. Le hic, c'est qu'étant donné que vous commencez à dire non, cela se fait parfois très maladroitement et pas toujours avec les bonnes personnes. La diplomatie est en développement, mais non maîtrisée. Tournez votre langue sept fois avant de parler et mettez un peu d'enrobage dans vos propos. Soigner ses communications permet de consolider ses relations.
- ✓ La phase de l'authenticité indique que la personne apprend à dire vraiment ce qu'elle pense au lieu de mettre un masque, et elle extériorise ses émotions. Cette étape s'opère souvent en oubliant que notre émotion nous appartient et qu'il n'est pas approprié de la vomir sur l'autre. Verbaliser et extérioriser une émotion, ça implique aussi de la gérer, de l'assumer et de la vivre avec sérénité sans tenter de culpabiliser les autres et de se déresponsabiliser. C'est à vous de vous en occuper, pas aux autres!
- ✓ La phase du jugement des autres et de l'hypervalorisation de soi survient quand la personne a fait un certain cheminement et pris de l'assurance. Étrangement, quand vous serez rendu à ce stade, les autres vous paraîtront bien en retard dans leur propre cheminement. «Ils n'ont pas compris.»

C'est le même phénomène que l'on vit avec les karatékas qui atteignent le niveau de ceinture verte. Ils ne sont plus des débutants, mais ils sont encore à mi-chemin vers la ceinture noire. Ils ont fait des apprentissages et en ressentent de la fierté. Ils portent alors un jugement sur les ceintures blanches et se trouvent eux-mêmes tellement meilleurs. Or, ils ne réalisent pas tout ce qu'il leur reste à apprendre, à corriger et à travailler. On ne sait pas ce que l'on ne sait pas. Quand vous vous sentirez meilleur, plus avancé, plus mature que les autres, rappelez-vous d'où vous venez, les gaffes que vous avez faites et le mal *de chien* que vous avez eu vous-même à sortir de la relation sous emprise. Vous avez cheminé, certes, mais ce n'est pas fini! Et quand vous vous trouvez si bon, dites-vous qu'il y a des «ceintures noires» qui sont rendues plus loin. Continuez d'avancer. On ne sait pas ce que l'on ne sait pas.

✓ La phase d'omission du crédit des conseils judicieux se conjugue souvent avec la précédente. Les conseils que vous donnez désormais à un emprisonné, vous les avez pris de quelqu'un d'autre et ce serait bien de le nommer. Cessez de vous forger une image de sauveur qui a cheminé plus que tout le monde. Quand vous ferez une erreur, et ça arrivera, la dégringolade du piédestal va être douloureuse. Parlez avec humilité. Apprenez à rendre à César ce qui appartient à César.

✓ La phase du besoin d'aider quelqu'un d'autre viendra assurément. Après un certain cheminement, vous ressentirez le besoin de vous conforter dans vos apprentissages, de constater le chemin parcouru. Est-ce pour rendre ce qui vous a été donné? Il est trop tôt pour cela. Et rappelez-vous que l'on ne fait les choses que pour soi. C'est pour vous-même que vous aidez. C'est probablement vous-même que vous voulez sauver à travers les épreuves d'un autre, peut-être parce que vous n'avez pas réussi à vous sortir seul de l'emprise.

- ✓ La phase d'épuisement survient si vous vous plongez corps et âme dans le sauvetage de quelqu'un d'autre. Pensez à vous, d'abord et avant tout.
- ✓ La phase de questionnement et du retour des pensées négatives, c'est l'effet boomerang. Vous avez baissé la garde, vous avez pensé que vous étiez sorti d'affaires, guéri de l'emprise. Une psy m'a dit que, lorsqu'on va bien, les «bibittes non résolues» en profitent pour ressortir parce qu'elles peuvent alors être entendues. Cette période ne doit pas vous faire peur. Elle est simplement l'indicateur que vous êtes rendu à un point où vous êtes prêt à passer à une autre étape de cheminement et à faire face à des aspects de votre passé ou de votre personnalité qui vous dérangent encore.
- ✓ La phase de retour en soi vous permet de vous recentrer sur les «priorités prioritaires»: vous! C'est une phase de lecture, de nouvelles prises de conscience, de consultation et surtout d'humilité.

PRINCIPE 59

Soyez stratégique: écoutez les propos de l'emprisonné. Les derniers arguments qu'il énonce sont les plus importants. Observez son non-verbal. Y voyez-vous du repli, de la protection, de la peur, de la peine ou une volonté d'agir? Regardez, sentez, écoutez. Tous les indices vous permettront de trouver le bon angle, d'ajuster votre intervention pour la rendre plus pertinente.

Cerveau & Psycho.fr

Le saviez-vous ?

Un moyen simple de vaincre son stress

Qui n'a jamais eu une boule au ventre, la gorge serrée, le cœur qui bat la chamade, les mains moites avant de prononcer un discours devant un public? Si le stress de performance nous paralyse, c'est parce que c'est une réaction biologique automatique, programmée dans nos gènes. Ce réflexe fait partie des trois réactions possibles face à un danger: s'immobiliser, fuir ou attaquer. Or, nous devrions enclencher la fonction «combat» et non la fonction «immobilisation». Pour cela, il faut savoir que cette option existe. Des chercheurs ont réuni des sujets qui devaient vaincre des stress de performance et leur ont dispensé un cours sur les origines du stress et sa fonction de survie. Le stress, leur ont-ils dit, est une réaction qui nous aide à faire face aux dangers. Si vous sentez votre cœur battre à tout rompre, c'est parce que votre corps se prépare à déployer une énergie peu commune dont vous devez vous servir pour donner une présentation percutante. Si vous sentez vos muscles se contracter, c'est parce que votre corps se prépare à surmonter une épreuve. Saisissez cette opportunité en adoptant une posture agressive et résolue.

Le fait d'avoir appris ces notions de base a radicalement changé le comportement des sujets. Ils ont réagi avec une confiance et une énergie inhabituelles face aux assauts du jury. Ils sont devenus combatifs. Ils avaient un débit sanguin supérieur assurant une bonne oxygénation des muscles. La différence entre la personne qui perd ses moyens et celle qui

est galvanisée par l'événement, ce n'est pas l'intensité du stress mais l'interprétation qu'on en fait.

Source : Sébastien Bohler, *Un moyen simple de vaincre son stress,* Cerveau & Psycho, 11 juin 2014

結論

Conclusion

La vie est un défi à relever, un bonheur
à mériter, une aventure à tenter.
– Mère Teresa

On ne change pas un emprisonneur, c'est lui qui nous change, nous atteint, nous affecte. Et cette atteinte génère des séquelles. D'une relation sous emprise, on ne s'en sort pas tout seul. Des garde-fous sont nécessaires: des gardes du corps et des gardes de l'esprit pour éclairer notre voie et nous guider quand nous sommes perdus dans le brouillard, en pleine noirceur. Et le processus est long. Il ne s'agit pas d'une intervention ponctuelle. En effet, sortir d'une relation sous emprise, c'est monter une marche à la fois d'un escalier qui semble interminable. Mais il y a une sortie, gardez espoir. Elle est là, à portée de main. Continuez.

Retenez bien l'importance d'apprendre à gérer la petite voix dans votre tête qui biaise tant votre raisonnement. Apprenez à vivre sereinement vos émotions au lieu de les laisser vous envahir, vous consumer pour ensuite les vomir sur les autres. Évitez le contact avec l'emprisonneur, car il ne peut que vous empoissonner davantage. Établissez votre limite et cessez de croire que vous pouvez transformer la relation. Penser qu'on peut changer l'emprisonneur, c'est s'octroyer des pouvoirs magiques. Cela n'a rien d'héroïque, c'est suicidaire. Une relation, ça se bâtit à deux et ça se modifie à deux aussi. Ce n'est pas unidirectionnel. Mais l'emprisonneur, lui, a besoin de l'emprise pour se sentir vivant, intelligent, utile. Arrêtez d'essayer de le comprendre. Il a sa logique à lui, sa propre vérité déraisonnable et narcissique. Sonder son esprit, c'est plonger dans son délire et être contaminé par lui. Vous risquez de vous noyer. Éloignez-vous et vite!

Vous valez tellement mieux que cette relation. Il est temps de redevenir vous-même, de vous souvenir de qui vous êtes réellement. L'emprisonneur a joué avec votre estime de soi, votre confiance, votre image de vous-même. Il vous a envahi de doutes, de jugement, d'autodénigrement. Mais rappelez-vous la légende des deux loups[48]:

> *Il était une fois, il y a de cela bien longtemps, un vieux Cherokee qui parlait à ses petits-enfants de la sagesse des anciens. Un jour, il leur dit: «Un combat fait rage en moi à chaque instant, celui de deux loups qui s'affrontent sans arrêt. Le premier est ténébreux, sournois et mauvais. Il incite à la peur, la colère, le ressentiment, la culpabilité, l'arrogance, le chagrin, le regret, l'avidité, l'apitoiement, la honte, le mensonge, l'orgueil. Le second est bien différent. Il rayonne et illumine. Il est fait d'amour, de paix, de compassion, d'espoir, de joie, de partage, de sérénité, d'humilité, de bonté, de bienveillance, d'empathie, de générosité, de vérité et de foi. Ce même combat est vécu en chacun de nous. L'un des petits-enfants demande: «Lequel des deux gagne à la fin?» Le vieux sage répond: «Celui que tu nourris.»*

Nourrissez le bon loup en vous. Rayonnez et ainsi vous retrouverez votre chemin.

---

48. A. Boyer, *L'ange gardien du Samouraï,* Béliveau éditeur, 2013, p. 119.

Principe 60

Le jour où vous serez reconnaissant pour ces expériences de vie, alors seulement l'emprisonneur n'aura plus d'emprise sur vous. Continuez d'avancer. Vous êtes sur la bonne voie. J'ai confiance en vous.

PSYCHOLOGIES.COM
POUR MIEUX VIVRE NOTRE VIE

Le saviez-vous ?

Pardonner pour se libérer

Violence, humiliation, trahison, perte d'un être cher... Même si l'on a beaucoup souffert, il faut pardonner. Pour soi. Pour se délivrer de sa dette de haine. Comment pardonner l'impardonnable? «Le pardon est là pour pardonner ce que nulle excuse ne saurait excuser», répond le philosophe Vladimir Jankélévitch. «Pardonner ne signifie pas oublier. Au contraire, il faut se souvenir de l'offense pour pardonner. Mais, à l'inverse de la vengeance qui refuse l'oubli pour inscrire éternellement une dette de haine, le pardon nous délivre d'elle, nous libère d'un passé qui n'arrive pas à passer.» De plus en plus de thérapeutes inscrivent le pardon au cœur de leur pratique. Pas besoin d'avoir la foi. Le pardon se pratique d'abord pour soi. Il est pragmatique, quotidien, intérieur. Il peut se travailler seul. C'est un antibiotique qui permet d'annuler l'effet d'une bactérie appelée autocritique, jugement, rancune ou culpabilité, tous ces sentiments qui nous pourrissent la vie. C'est un état intérieur auquel on accède après un travail parfois long, souvent difficile, parce qu'il nous oblige à nous remettre en cause, à assumer notre part de responsabilité, à prendre le risque d'avoir encore mal, à accepter nos limites et celles de l'autre. Pardonner, ce n'est pas valider ni excuser. Ce n'est pas prétendre que tout va bien et serrer les dents. Ce n'est pas une faveur que nous accordons ou une autorisation à recommencer. Ici, l'important n'est pas de savoir si ce qu'on nous a fait est bien ou mal, si le «coupable» mérite

d'être puni ou pas. Ce qui compte, c'est de pardonner pour soi afin d'être plus heureux. Pardonner se fait en six étapes :

- ✓ Prendre conscience que l'on a eu mal : pour être conscient de sa douleur, il faut la ressentir. Pour l'éviter, on oublie, on rationalise, on normalise.
- ✓ Arrêter de se blâmer soi-même : le blâme de soi-même est l'un des plus puissants destructeurs de l'estime et de l'amour de soi.
- ✓ Sortir du rôle de victime : cette phase est la plus douloureuse. Le rôle de victime est utile. Il sert d'excuse pour justifier ce qui ne va pas et attire la sympathie.
- ✓ Exprimer sa colère : Cette phase est le pivot de la guérison, car elle permet d'exprimer la colère et de transformer cette énergie en motivation. La colère met en contact avec notre souffrance. Reconnaître celle-ci permet de mesurer combien nous aimons ces gens qui nous blessent, même si ce sont des étrangers.
- ✓ Se confronter à l'autre : la confrontation n'est pas une obligation, on le fait pour soi.
- ✓ Pardonner : c'est un acte de liberté intérieure hors norme et hors dogme. Il est la marque d'une certaine force qui atteint autant ceux qui le donnent que ceux qui le reçoivent.

Source : Sophie Cliche, *Pardonner pour se libérer,*
Psychologies.com

感謝

REMERCIEMENTS

Un immense merci à Simon et Sara qui me donnent leurs conseils quand je suis en manque d'inspiration. Merci aux personnes suivantes pour votre savoir-faire, votre savoir-être et votre volonté de contribuer à rendre ce monde meilleur. Je vous écoute avec attention et retiens vos propos qui me permettent de grandir.

- Martin Guitard, président
  Service M.G.S. Informatique inc.
- Nancy Cromp, psychoéducatrice et synergologue
  Avenir d'enfants
- Claude Poirier, CRHA
  MAGMA, cabinet conseil en gestion,
  associé de Groupe INTERMA, s.e.n.c.
- Maxence Élie, conseiller en assurances
  et rentes collectives, Services Phoenix Élie Inc.
- Richard D'Amour, avocat, D.Fisc
  De Chantal, D'Amour, Fortier
- Sylvain Chassé, expert en stratégies d'affaires,
  mise en marché et ventes, Déclic coaching
- Martin Leblanc, enseignant
  Département d'administration,
  Cégep Saint-Jean-sur-Richelieu

- Maxime Lamoureux, B.A.A, planificateur financier
  Groupe Investors
- Rolland Gaudette, CRHA
  Perspectives Pro, associé principal
- Francine William, CPA, CGA
- Pierre Tremblay, conseiller en assurances
  et rentes collectives, Services Phoenix Élie Inc.
- Gaétan Fradette, CPA, CA
  Groupe Servicas

Namaste!

ブック

SUGGESTIONS DE LECTURE

L'erreur ne devient bénéfique qu'à partir du moment où l'on ressent la satisfaction d'avoir commis cette erreur.

– Nicolas Dagobert

ANDRÉ, Christophe, *Imparfaits, libres et heureux,* Éditions Odile Jacob, 2009, 476 pages.

ANDRÉ, Christophe, Muzo, *Petits pénibles et gros casse-pieds,* Éditions du Seuil, 2007, 192 pages.

ARBOGAST, Jacqueline, Chatain, Frédérique, *Les saboteurs sont parmi nous,* Les éditeurs réunis, 2009, 240 pages.

BOUCHOUX, Jean-Charles, *Les pervers narcissiques,* Eyrolles, 2013, 188 pages.

BOYER, Annabelle, *L'ange gardien du Samouraï,* Béliveau éditeur, 2013, 248 pages.

BOYER, Annabelle, *Je lis en vous... savez-vous lire en moi ?*, Béliveau éditeur, 2013, 184 pages.

CORNEAU, Guy, *Le meilleur de soi,* Les Éditions de l'Homme, 2007, 344 pages.

D'ANSEMBOURG, Thomas, *Cessez d'être gentil, soyez vrai!,* Les Éditions de l'Homme, 2001, 256 pages.

FORWARD, Susan, *Parents toxiques,* Nouvelles Éditions Marabout, 2013, 344 pages.

JEFFERS, Susan, *Osez le grand amour,* Marabout (Hachette Livre), 2005, 286 pages.

LABERGE, Ariane, *Quand je serai libre,* Béliveau éditeur, 2014, 168 pages.

LAUZON, Nathalie, *Je suis belle, et vous?,* Béliveau éditeur, 2014, 128 pages.

NAZARE-AGA, Isabelle, *Les manipulateurs et l'amour,* Éditions de l'Homme, 2014, 200 pages.

NAZARE-AGA, Isabelle, *Les manipulateurs sont parmi nous,* Les Éditions de l'Homme, 1997, 288 pages.

NAZARE-AGA, Isabelle, *Les parents manipulateurs,* Les Éditions de l'Homme, 2014, 288 pages.

PEACOCK, Fletcher, *Arrosez les fleurs, pas les mauvaises herbes!,* Les Éditions de l'Homme, 2007, 150 pages.

PORTELANCE, Colette, *Les 7 étapes du lâcher-prise,* Éditions Jouvence, 2009, 128 pages.

SAINT-LAURENT, Marthe, *Ces femmes qui détruisent... les femmes,* Béliveau éditeur, 2009, 174 pages.

SAMSON, Alain, *Amoureux ou dangereux?* Les éditions Québecor, 2004, 168 pages.

SAMSON, Alain, *L'amour ne dure qu'un instant,* Béliveau éditeur, 2014, 166 pages.

SÉVIGNY, Daniel, *Pensez, gérez, gagnez,* Éditions de Mortagne, 2009, 238 pages.

SINGER, Blair, *Maîtriser sa petite voix intérieure,* Performance Éditions, 2013, 208 pages.

STRELECKY, John P., *Le Why café,* Édition du Club Québec Loisir, 2009, 254 pages.

著者

À PROPOS DE L'AUTEURE

Soyez le changement que vous voulez voir dans le monde.
– Gandhi

ANNABELLE BOYER est diplômée CRHA, soit conseillère en ressources humaines agréée, membre de son ordre professionnel. Elle détient un baccalauréat en génagogie (consolidation d'équipe), de même qu'une maîtrise en administration, concentration intervention et changement organisationnel. Elle est aussi titulaire du diplôme de synergologie. Cette méthode de lecture et d'analyse du comportement non verbal est enseignée dans le cadre d'un programme de formation de trois ans. Elle est aussi une formatrice accréditée par l'Institut de synergologie du Québec, mentor pour les étudiants européens et jury d'évaluation pour les finissants québécois.

Elle anime des conférences et des formations traitant de la communication et des relations: la synergologie (analyse du non-verbal), la gestion des personnes difficiles, les communications harmonieuses, le climat de travail, l'épanouissement au travail, le sens de la vie professionnelle, la gestion de l'émotivité, les réseaux sociaux et, bien entendu, les relations sous emprise.

À titre de coach et de conseillère, elle a réalisé de nombreux diagnostics, des analyses de climat, des planifications stratégiques, en plus d'accompagner les employés et les gestionnaires dans les processus de changement, de consolidation des équipes, d'élaboration de plans de développement, de gestion des conflits, de développement du potentiel, tant pour des entreprises que des organisations paragouvernementales, des associations et des Organismes à but non lucratif [OBNL].

Annabelle est une facilitatrice. Par son écoute active et ouverte, elle cherche l'humain derrière chaque employé, chaque gestionnaire, chaque participant. Personne n'est irremplaçable, mais certains peuvent faire une belle différence dans une organisation et dans la vie. C'est ce potentiel extraordinaire, cette unicité qu'elle cherche à faire jaillir, croître et s'épanouir. Faire ressortir le meilleur de chacun, voilà son objectif. Par une approche empreinte d'accueil, de partage, de compassion et d'absence de jugement, elle accompagne dans le développement tout en consolidant les habiletés parfois insoupçonnées et les forces de chacun. Les épreuves, les obstacles sont des opportunités de cheminement et de perfectionnement, des occasions de conjuguer la tête et le cœur afin d'atteindre de nouveaux horizons. De passer de la vision à l'action. Elle est l'auteure de plusieurs livres dont :

- *Je lis en vous, savez-vous lire en moi?*
- *L'ange gardien du Samouraï*
- *Le lac des loups*
- *Relations sous emprise*

Autres ouvrages offerts chez Béliveau éditeur...

Achevé d'imprimer
sur les presses de
Imprimerie H.L.N.
Imprimé au Canada - Printed in Canada